新时代党的地方组织选举
工作的基本遵循

石国亮 主编

人民东方出版传媒
东方出版社

图书在版编目（CIP）数据

新时代党的地方组织选举工作的基本遵循 / 石国亮主编 . —北京：东方出版社，2021.6
ISBN 978-7-5207-2232-2

Ⅰ. ①新⋯　Ⅱ. ①石⋯　Ⅲ. ①中国共产党—基层组织—选举—工作　Ⅳ. ① D267

中国版本图书馆 CIP 数据核字（2021）第 101174 号

新时代党的地方组织选举工作的基本遵循
（XINSHIDAI DANGDE DIFANG ZUZHI XUANJU GONGZUO DE JIBEN ZUNXUN）

主　　编：	石国亮
责任编辑：	孔祥丹
责任校对：	金学勇
出　　版：	东方出版社
发　　行：	人民东方出版传媒有限公司
地　　址：	北京市西城区北三环中路 6 号
邮　　编：	100120
印　　刷：	环球东方（北京）印务有限公司
版　　次：	2021 年 6 月第 1 版
印　　次：	2021 年 6 月北京第 1 次印刷
开　　本：	710 毫米 ×1000 毫米　1/16
印　　张：	13
字　　数：	180 千字
书　　号：	ISBN 978-7-5207-2232-2
定　　价：	49.00 元
发行电话：（010）85924663　85924644　85924641	

版权所有，违者必究
如有印装质量问题，我社负责调换，请拨打电话：（010）85924725

目 录

前　言 1

第一章　总则

一、制定的目的和依据 1
二、适用范围 9
三、按期换届选举 11
四、选举方式 13
五、选举权利 15
六、投票方式 16
七、选举办法 17
【深阅读】提高新时代党的地方组织选举质量的制度保证.................18
　　　　　"十大禁令"为换届保驾护航......................................20

第二章　代表的产生

一、代表条件 24

二、代表名额的确定 30

三、选举单位 33

四、代表名额的分配 35

五、代表构成 37

六、代表候选人的差额比例 40

七、代表产生的办法和主要程序 41

八、代表资格的审查 45

【深阅读】"君子检身,常若有过" 50

在不断自我革命中检视初心 52

第三章 委员会委员的产生

一、委员、候补委员和纪委委员候选人的提名 55

二、候补委员比例 62

三、委员、候补委员和纪委委员候选人的差额比例 63

四、委员、候补委员和纪委委员的产生程序 64

五、委员和候补委员的选举要求 68

【深阅读】新时代党的组织路线是我们党理论创新和

实践创新的又一重大成果 70

组织制度是新时代党的组织路线贯彻落实的必然保障 72

第四章 常务委员会委员和书记、副书记的产生

一、常务委员会委员候选人数的差额 76

二、常务委员会委员和书记、副书记产生的程序 78

三、纪律检查委员会常务委员会委员和书记、副书记的

当选要求 83

【深阅读】全面提高政治能力 85

提高政治判断力　做政治上的明白人 87

第五章　选举的实施

一、召开会议条件 89

二、大会主席团 91

三、第一次全体会议选举的主持 93

四、介绍候选人有关情况 94

五、监票人的产生 95

六、计票人的产生 98

七、选票上候选人名单排序 98

八、委托投票 100

九、投票 101

十、计票 101

十一、确认选举和选票是否有效 102

十二、差额预选 104

十三、当选要求 105

十四、报告得票情况和宣布当选人名单 107

十五、当选人名单排序 109

【深阅读】从这里，开启跨世纪航程 111

坚持知行合一　严肃党内生活 112

第六章　呈报审批

一、召开代表大会的请示 115
二、党的地方各级委员会和纪律检查委员会委员、候补委员，
　　常务委员会委员和书记、副书记候选人预备人选的报批 120
三、选举结果的报备和报批 122
【深阅读】改革开放以来党的请示报告制度的发展 123
　　　　　正确区分和把握需要请示的事项和需要报告的事项 125

第七章　纪律和监督

一、明确选举纪律 127
二、强化监督实施 136
三、不得违反党章 138
四、严肃追责问责 139
【深阅读】把严肃换届纪律摆在突出位置 146
　　　　　严明换届纪律　严肃换届风气 148

第八章　附则

一、关于党的地方各级组织制定具体选举办法的授权和要求 151
二、关于民族自治地方党组织采取某些变通办法的授权和要求 153

三、关于新条例的解释权..................................156

四、关于新条例的施行时间..............................156

【深阅读】深刻理解党内法规的法治体系属性和政党制度属性........158

　　　　学好党内法规　增强党性观念..........................160

附　录

中国共产党地方组织选举工作条例..............................163

中国共产党地方委员会工作条例..............................172

全面提高新时代地方党组织选举工作的制度化规范化水平

　　——中央组织部负责人就修订颁布《中国共产党地方

　　组织选举工作条例》答记者问..............................182

中共中央纪委机关、中共中央组织部、国家监察委员会

　　联合印发《通知》 严肃换届纪律加强换届风气监督..............187

前　言

从 2021 年开始，省市县乡领导班子将陆续开始集中换届。2020 年 12 月，习近平总书记在中共中央政治局召开的民主生活会上的讲话中强调："各级党委要谋划好、组织好换届，层层压实责任，确保风清气正。领导干部特别是高级干部要以身作则，带头遵守换届纪律。要教育引导广大党员、干部严格遵守政治纪律和政治规矩，严格遵守组织人事纪律。要深入细致做好领导干部思想教育，教育引导领导干部正确处理个人和组织的关系，自觉接受和服从组织安排。"[①] 这一重要讲话，为省市县乡领导班子集中换届提出了明确要求，指明了方向。在这一重要节点上，2020 年 12 月 28 日，中共中央印发了新修订的《中国共产党地方组织选举工作条例》。这是中共中央 1994 年 1 月 26 日印发《中国共产党地方组织选举工作条例》之后，时隔 26 年对该条例的修订，也是继《中国共产党基层组织选举工作条例》之后，党内选举实践探索和制度建设的又一重要成果。

第一，从我们党的组织优势来深入理解《中国共产党地方

---

① 《加强政治建设提高政治能力坚守人民情怀　不断提高政治判断力政治领悟力政治执行力》，《人民日报》2020 年 12 月 26 日。

组织选举工作条例》的重要意义。我们党建立了包括党的中央组织、地方组织、基层组织在内的严密组织体系，其中地方党委3200多个，党组、工委14.5万个，基层党组织468.1万个。① 这是世界上任何其他政党都不具有的强大优势。党的中央组织、地方组织、基层组织都坚强有力、充分发挥作用，党的组织体系的优势和威力才能充分体现出来。2020年6月29日，习近平总书记在十九届中央政治局第二十一次集体学习时明确提出，中央和国家机关是贯彻落实党中央决策部署的"最初一公里"，要建设成为讲政治、守纪律、负责任、有效率的模范机关；地方党委是贯彻落实党中央决策部署的"中间段"，要建设成为坚决听从党中央指挥、管理严格、监督有力、班子团结、风气纯正的坚强组织；基层党组织是贯彻落实党中央决策部署的"最后一公里"，要建设成为实现党的领导的坚强战斗堡垒。由此可见，党的地方组织在党的组织体系中居于承上启下的关键环节，是推进国家治理体系和治理能力现代化的重要层级，在本地区发挥总揽全局、协调各方的领导作用。

第二，要从地方党委制度来深入理解《中国共产党地方组织选举工作条例》的重要意义。地方党委制度是我们党治国理政的重要组织制度，完善这项制度是推进国家治理体系和治理能力现代化的重要方面。其中，党的地方委员会工作制度和党的地方组织选举制度是至关重要的。中共中央修订颁布并于2015年12月25日起施行的《中国共产党地方委员会工作条例》，

---

① 参见习近平：《贯彻落实新时代党的组织路线　不断把党建设得更加坚强有力》，《求是》2020年第15期。

进一步落实了地方党委全面从严治党的政治责任,通过全面梳理地方党委工作实践中存在的突出问题,吸收有效经验,破除制度障碍,创新方式方法,确立了地方党委开展工作的规则,有利于提高地方党委工作的科学化水平。党的地方组织选举是党内政治生活的重要内容,是加强党的政治建设、党内民主建设的重要途径。新修订的《中国共产党地方组织选举工作条例》,对于规范党的地方组织选举和加强党的地方组织建设,具有重要意义。

第三,深入理解《中国共产党地方组织选举工作条例》的重要意义,必须充分认识其修订思路和创新之处。根据中央组织部负责人就修订颁布《中国共产党地方组织选举工作条例》答记者问,修订该条例主要把握了以下原则:一是坚持以习近平新时代中国特色社会主义思想为指导,以党章为根本遵循,牢牢把握正确政治方向。二是坚持党要管党、全面从严治党,突出强调党组织领导和把关作用,严格程序规定,严肃纪律要求。三是坚持民主集中制,充分发扬党内民主,保障党员民主权利,加强党的地方组织建设。四是坚持与其他党内法规相衔接,做到于法周延、简便易行。根据上述原则,该条例以习近平新时代中国特色社会主义思想为指导,以党章为根本遵循,深入贯彻党的十九大和十九届二中、三中、四中、五中全会精神,总结长期以来特别是党的十八大以来党内选举工作实践经验,对党的地方组织选举工作作出全面规范,明确了代表和委员产生、选举实施、呈报审批、纪律监督等方面的政策规定和工作要求,是党内选举实践探索和制度建设的重要成果,是新时代党的地方组织选举工作的基本遵循。

修订后的《中国共产党地方组织选举工作条例》，总体上保持1994年1月26日中共中央印发的《中国共产党地方组织选举工作条例》的框架，仍为8章。同时作了适当调整：一是将第五章"呈报审批"和第六章"选举的实施"，对调了顺序；二是将第七章的名称"监督和处分"修改为"纪律和监督"。修订后的条例共49条，比原条例多3条。从内容来看，主要创新点有：第一，严格党代会代表的产生，突出政治标准、注重优化结构、加强审核把关、改进产生程序，既保证代表的代表性，又保证代表的先进性。第二，对确保委员人选质量作出新规定，着眼增强地方党委整体功能，提高科学决策、民主决策水平，从委员资格条件、上级党组织领导和把关等方面作出规定。第三，在会议选举的组织实施方面，强调科学制定选举办法，推动选举规范有序进行。第四，在强化选举纪律和监督方面，落实党中央关于全面从严治党、严肃换届纪律的有关要求，汲取湖南衡阳破坏选举案和四川南充、辽宁拉票贿选案教训，专章对严肃纪律和监督提出要求。

党内法规的生命力在于实施。抓好党的地方组织选举，是各级党委履行管党治党政治责任的重要方面。2020年12月11日，中共中央政治局会议在审议《中国共产党地方组织选举工作条例》时指出："地方各级党委要加强对条例实施的组织领导，严格落实主体责任，强化条例执行和督促指导，确保各项政策规定和工作要求落到实处。"[①]中共中央在印发《中国共产党地方组织选举工作条例》的通知中要求，各级党委要增强"四个意识"、坚定"四个自信"、做到"两个维护"，严格落实主体责任，加强对条例实施的组织领导。要抓好宣传解读和学习培训，推动各级党组织和广大党员干部认真学习条例，增强贯彻落实条例的思想自觉、政治自觉、行动自觉。党员领导干部特别是主要负责同志要带头学习，带头研究，带头执行。中央组织部要会同有关部门加强督促指导，确保条例各项规定得到有效贯彻落实。各地区各部门在执行条例中的重要情况和建议，要及时报告党中央。这些要求，为贯彻落实条例提供了重要保障。

为准确理解和深入学习宣传贯彻《中国共产党地方组织选举工作条例》，我们精心组织编写了本书。本书根据党的十八大以来习近平总书记对规范完善党内选举提出的一系列新思想新观点新要求，总结近年来特别是党的十八大以来党的地方组织选举实践积累的有益经验，结合新时代党的地方组织选举工作面临的新情况新问题，紧紧围绕如何做好新时代党的地方组织选举工作，分专题作了深入细致的讲解。

本书主要有以下三个特点：一是坚持比较研究，突出亮点和创新。本书对新修订的《中国共产党地方组织选举工作条例》的解读，是建立在与1994年《中国共产党地方组织选举工作条例》的比较研究基础上的，对于修订的地方逐一列出，阐明修订的理由以及如何把握新修订的内容。为简洁起见，我们将

[①]《分析研究二〇二一年经济工作　研究部署党风廉政建设和反腐败工作　审议〈中国共产党地方组织选举工作条例〉》，《人民日报》2020年12月12日。

1994年《中国共产党地方组织选举工作条例》简称为"原条例",将2020年《中国共产党地方组织选举工作条例》简称为"新条例"。有时根据上下文的需要,也使用了全称。二是坚持系统观念,涉及其他党内法规的,做到相互衔接。三是运用多种表达方式,穿插"重点难点提示"等,易读易懂,便于操作。本书特色鲜明,力求深入浅出,具有很强的实用性和可操作性,是深入学习和准确理解《中国共产党地方组织选举工作条例》的重要辅导,是做好新时代党的地方组织选举工作的重要参考。

第一章 总则

新条例的第一章是总则,共7条,即第一条至第七条。总则对新条例的制定目的和依据、适用范围、按期换届选举、选举方式、选举权利、投票方式、选举办法等作出规定。此次修订,重点对制定目的和依据作了修改。关于制定目的,强调深入贯彻习近平新时代中国特色社会主义思想,贯彻落实新时代党的建设总要求和新时代党的组织路线,坚持和加强党的全面领导,坚持党要管党、全面从严治党,健全党的民主集中制,加强党的地方组织建设,提高党的执政能力和领导水平。关于制定依据,在《中国共产党章程》的基础上,新增了"有关党内法规"。此外,个别条款作了文字上的修改。

一、制定的目的和依据

【新条例】第一条 为了深入贯彻习近平新时代中国特色社会主义思想,贯彻落实新时代党的建设总要求和新时代党的组织路线,坚持和加强党的全面领导,坚持党要管党、全面从严治党,健全党的民主集中制,完善党内选举制度,加强党的地方组织建设,提高党的执政能力和领导水平,根据《中国共产党章程》和有关党内法规,制定本条例。

【原条例】第一条 为健全党的民主集中制,完善党内选举制度,加强党的地方组织建设,根据《中国共产党章程》制定本条例。

本条是关于新条例制定目的和依据的说明。

关于新条例制定的意义,新条例强调,为了深入贯彻习近平新时代中国特色社会主义思想,贯彻落实新时代党的建设总要求和新时代党的组织路线,坚持和加强党的全面领导,坚持党要管党、全面从严治党,健全党的民主集中制,完善党内选举制度,加强党的地方组织建设,提高党的执政能力和领导水平。除"健全党的民主集中制,完善党内选举制度,加强党的地方组织建设"属于重申的内容,其他内容均属此次修订新增的内容。

第一,深入贯彻习近平新时代中国特色社会主义思想。十九大党章的最大亮点和历史性贡献,就是将习近平新时代中国特色社会主义思想同马克思列宁主义、毛泽东思想、邓小平理论、"三个代表"重要思想、科学发展观一道确立为党的指导思想。十三届全国人大一次会议,把习近平新时代中国特色社会主义思想写入宪法,实现了从党的指导思想到国家的指导思想的飞跃。习近平新时代中国特色社会主义思想是党和国家的指导思想,自然也是党的地方组织选举工作的指导思想。制定包括本条例在内的一系列党内法规,首先是对习近平新时代中国特色社会主义思想的深入贯彻。

新条例制定的目的和依据

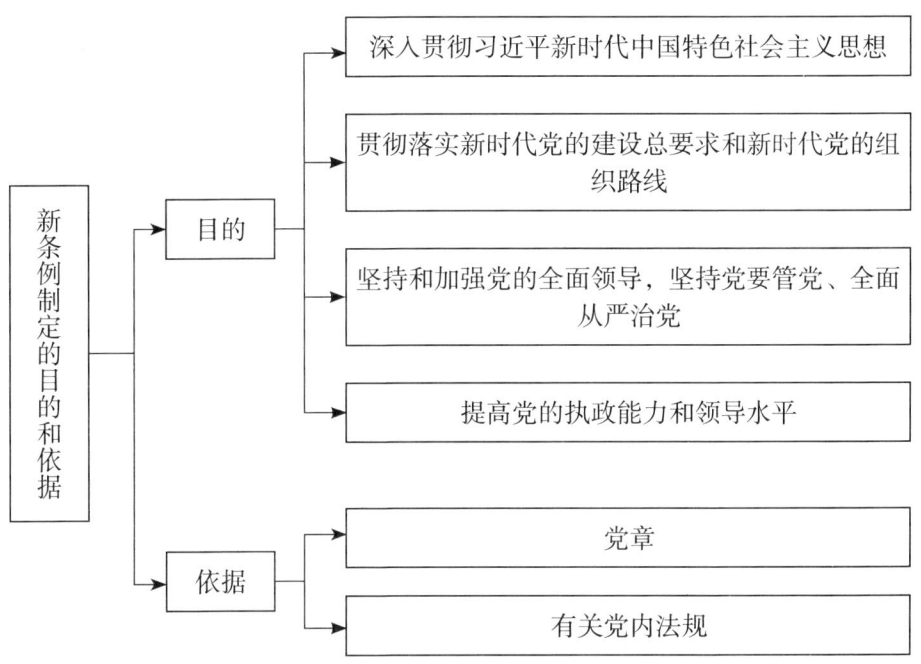

第二，贯彻落实新时代党的建设总要求和新时代党的组织路线。党的十九大报告在党的建设方面的一个重大贡献，就是根据新时代新要求，深化对党的建设规律性的认识，提出了新时代党的建设总要求。这个总要求就是：坚持和加强党的全面领导，坚持党要管党、全面从严治党，以加强党的长期执政能力建设、先进性和纯洁性建设为主线，以党的政治建设为统领，以坚定理想信念宗旨为根基，以调动全党积极性、主动性、创造性为着力点，全面推进党的政治建设、思想建设、组织建设、作风建设、纪律建设，把制度建设贯穿其中，深入推进反腐败斗争，不断提高党的建设质量，把党建设成为始终走在时代前列、人民衷心拥护、勇于自我革命、经得起各种风浪考验、朝气蓬勃的马克思主义执政党。习近平总书记在2018年召开的全国组织工作会议上,首次提出了新时代党的组织路线,这就是:全面贯彻习近平新时代中国特色社会主义思想,以组织体系建设为重点,着力培养忠诚干净担当的高素质干部,着力集聚爱国奉献的各方面优秀人才,坚持德才兼备、以德为先、任人唯贤,为坚持和加强党的全面领导、坚持和发展中国特色社会主义提供坚强组织保证。习近平总书记在十九届中央政治局第二十一次集体学习时强调,党的十八大以来的实践表明,新时代党的组织路线为加强党的组织建设提供了科学遵循,为增强党的创造力、凝聚力、战斗力提供了重要保证。不论是新时代党的建设总要求,还是新时代党的组织路线,党的地方组织建设都是承上启下的关键环节,而党的地方组织选举是党的地方组织建设中一个重要的方面。

延伸阅读 YANSHENYUEDU

牢牢把握党的组织体系建设的基本要求

习近平总书记关于抓好党的组织体系建设的重要论述,是新时代党的组织路线的重要创新和贡献,有着深远考量和深刻意蕴,必须准确领会把握。

把握根本目的,以严密组织体系确保党的领导坚强有力。党是最高政治领导力量,党的领导直接表现为组织形态上的领导;离开了党的组织,党的一切领导、一切工作,就无所依托、无所指使。习近平总书记深刻指出，党的全面领导、党的全部工作要靠党的坚强组织体系去实现；加强党的组织建设，根本目的是坚持和加强党的全面领导，为推进中国特色社会主义事业提供坚强保证。要统筹推进各层级各领域党组织建设，把党的各级组织都健全、都建强，形成上下贯通、执行有力的严密体系，使党的各级组织都肩负起"两个维护"的重大政治责任，确保党的领导"如身使臂，如臂使指"。

树立系统思维，在党的组织建设中落实体系化建设要求。习近平总书记在新时代党的组织路线中明确以组织体系建设为重点，突出了组织的基础性地位和体系化建设要求。党的十八大以来，以习近平同志为核心的党中央抓党的建设，首先从党中央做起，压实各级党委（党组）全面从严治党主体责任，充分发挥基层党组织和广大党员战斗堡垒作用和先锋模范作用，为增强党的创造力、凝聚力、战斗力提供了重要保证。实践证明，党的组织体系是一个形神兼备、气血贯通、体魄强健的"生命体"，党中央、各级党委和党组、基层党组织、党员都有力量，党才有伟力、有威力。加强组织体系建设，必须强化系统思维、坚持一体推进，使党的各级组织各正其位、各司其职、各显其力，确保党铁一样地巩固起来。

坚持问题导向，把党的各级组织建设得更加强大。习近平总书记指出，要正确理解新时代党的组织路线的科学内涵和实践要求，坚持目标导向、问题导向、结果导向相统一，准确把握好贯彻落实的基本要求。从组织体系建设看，还存在一些薄弱环节和突出问题。有的领导体制机制不健全，贯彻落实党中央决策部署不到位、不到底；有的组织建设质量不高，实际效果不佳，甚至与中心工作"两张皮"；有的基层党组织软弱涣散，不起实际作用。特别是这次新冠肺炎疫情大考，暴露出城乡基层党的组织和工作覆盖还存在空白点、薄弱点，基层党组织的组织力、引领力有待增强。加强组织体系建设，必须瞄着问题去、对着问题改，精确制导、精准发力，在补短板、强弱项上持续用力，提高建设的质量，使组织体系更好适应坚持和加强党的领导、推动党和国家事业发展的需要。

（摘编自《抓好党的组织体系建设》，《求是》2020年第15期，作者：王正谱）

第三，坚持和加强党的全面领导，坚持党要管党、全面从严治党。坚持和加强党的全面领导，坚持党要管党、全面从严治党，是以习近平同志为核心的党中央治国理政的一个鲜明特点。坚持和加强党的全面领导，坚持党要管党、全面从严治党，必须全党动手，落实到党的各级组织建设之中。严密的组织体系，是马克思主义政党的优势所在、力量所在。我们党建立了包括党的中央组织、地方组织、基层组织在内的严密组织体系。这是世界上任何其他政党都不具有的强大优势。其中，党的地方组织在党的组织体系中居于承上启下的关键环节，是贯彻落实党中央决策部署的"中间段"。《中国共产党地方委员会工作条例》第三条规定:"党的地方委员会在本地区发挥总揽全局、协调各方的领导核心作用,按照协调推进'四个全面'战略布局,对本地区经济建设、政治建设、文化建设、社会建设、生态文明建设实行全面领导,对本地区党的建设全面负责。"这就要求通过健全完善党的地方组织选举制度机制,以科学规范严谨的选举工作,选好配强党的地方组织领导班子。

【重点难点提示】

中国共产党领导是中国特色社会主义制度的最大优势。我国国家制度和治理体系具有多方面的显著优势,其中,中国共产党领导是第一位的、首要的、起决定性作用的。它与其他方面的优势之间不是简单并列、等量齐观的关系,而是统领与被统领的关系。一方面,党的领导贯穿于其他方面的优势中;另一方面,党的领导是其他方面的优势存在和发挥作用的根本保证。

第四,提高党的执政能力和领导水平。我们党是长期执政的马克思主义政党,提高党的执政能力和领导水平,是党巩固执政地位,团结带领人民坚持和完善中国特色社会主义制度、推进国家治理体系和治理能力现代化的必然要求,是为中国人民谋幸福、为中华民族谋复兴的内在要求。党的各方面建设,最终都应该体现到党的执政能力和领导水平上来。中国特色社会主义进入新时代,我们党面临着前所未有的新形势和新问题，提高党的执政能力和领导水平的任务更加紧迫。深入贯彻习近平新时代中国特色社会主义思想，贯彻落实新时代党的建设总要求和新时代党的组织路线，坚持和加强党的全面领导，坚持党要管党、全面从严治党，健全党的民主集中制，完善党内选举制度，加强党的地方组织建设，归根到底是为了提高党的执政能力和领导水平。

【声音】

江金权（中共中央政策研究室主任）： 党的执政能力和领导水平决定治国理政成效。适应新时代新要求，不断提高党的执政能力和领导水平，是坚持和加强党的领导的题中应有之义。健全提高党的执政能力和领导水平制度，就是要坚持和完善民主集中制这一根本组织制度和领导制度，着力提高各级党委把方向、谋大局、定政策、促改革的能力和科学决策、民主决策、依法决策水平，不断改进党的领导方式和执政方式，全面增强党的执政本领，建设一支高素质专业化执政骨干队伍。

（摘编自《发挥党的领导制度体系在国家制度和国家治理中的统领性作用》，《中国纪检监察报》2019年11月28日）

关于新条例制定的依据，新条例强调，根据《中国共产党章程》和有关党内法规，制定本条例。

制定新条例的根本依据是十九大党章。党章对党的性质和宗旨、路线和纲领、指导思想和奋斗目标、组织原则和组织机构、党员义务权利以及党的纪律等作出根本规定。党章是党的总纲领，是全党必须遵循的总规矩，也是制定条例的根本依据。习近平总书记深刻指出："党章是党的总章程，集中体现了党的性质和宗旨、党的理论和路线方针政策、党的重要主张，规定了党的重要制度和体制机制，是全党必须共同遵守的根本行为规范。没有规矩，不成方圆。党章就是党的根本大法，是全党必须遵循的总规矩。"[①] 党章是党的根本大法，在党内具有最高的权威性和约束力。《中国共产党党内法规制定条例》明确规定，党章是最根本的党内法规，是制定其他党内法规的基础和依据。

此外，条例修订的依据还有有关党内法规。主要包括：《关于新形势下党内政治生活的若干准则》《中国共产党党内法规制定条例》《中国共产党党内法规执行责任制规定（试行）》《中国共产党重大事项请示报告条例》《中国共产党纪律处分条例》《中国共产党问责条例》等。

二、适用范围

【新条例】第二条 本条例适用于党的省、自治区、直辖市，设区的市和自治州，县（旗）、自治县、不设区的市和市辖区的代表大会及其委员会，以及党的地方纪律检查委员会的选举工作。

---

① 习近平：《认真学习党章 严格遵守党章》（2012年11月16日），《人民日报》2012年11月20日。

【原条例】第二条 本条例适用于党的省、自治区、直辖市，设区的市、自治州，县（旗）、自治县、不设区的市、市辖区的代表大会及其委员会和纪律检查委员会全体会议的选举工作。

本条是关于新条例适用范围的规定。

根据党章的规定，党的地方组织是指党的省、自治区、直辖市，设区的市和自治州以及县（旗）、自治县、不设区的市和市辖区的代表大会和它们所产生的委员会，还包括经党代表大会选举产生的纪律检查委员会。党的地区委员会和相当于地区委员会的组织，是党的省、自治区委员会在几个县、自治县、市范围内派出的代表机关。它根据省、自治区委员会的授权，领导本地区的工作。

新条例是规范党的地方组织选举工作的条例，适用范围自然是党的地方组织选举。此次修订，将"纪律检查委员会全体

新条例的适用范围

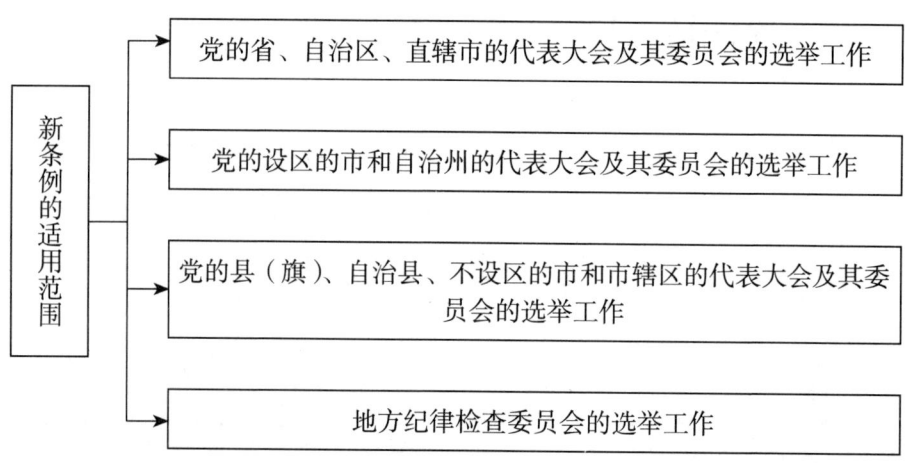

会议的选举工作"修改为"党的地方纪律检查委员会的选举工作",更加准确。根据本条的规定,本条例适用于党的省、自治区、直辖市,设区的市和自治州,县(旗)、自治县、不设区的市和市辖区的代表大会及其委员会,以及党的地方纪律检查委员会的选举工作。

三、按期换届选举

【新条例】第三条 党的地方各级组织任期届满,应当按期进行换届选举。如需延期或者提前换届选举,应当经上一级党的委员会批准。延长期限不得超过1年。

【原条例】第三条 党的地方各级组织任期届满,应按期进行换届选举。如需延期或提前换届选举,应经上级党的委员会批准。延长期限不得超过一年。

本条是关于党的地方各级组织任期届满按期进行换届选举的规定。只作了个别文字上的修改,将"应"改为"应当",其他未作修改。

党的地方各级组织按期换届选举,是严肃党内政治生活、加强党的地方各级组织建设、保障党员民主权利的一项基本制度。根据党章的规定,党的省、自治区、直辖市的代表大会,设区的市和自治州的代表大会,县(旗)、自治县、不设区的市和市辖区的代表大会,每5年举行一次。党的地方各级代表大会由同级党的委员会召集。在特殊情况下,经上一级委员会批

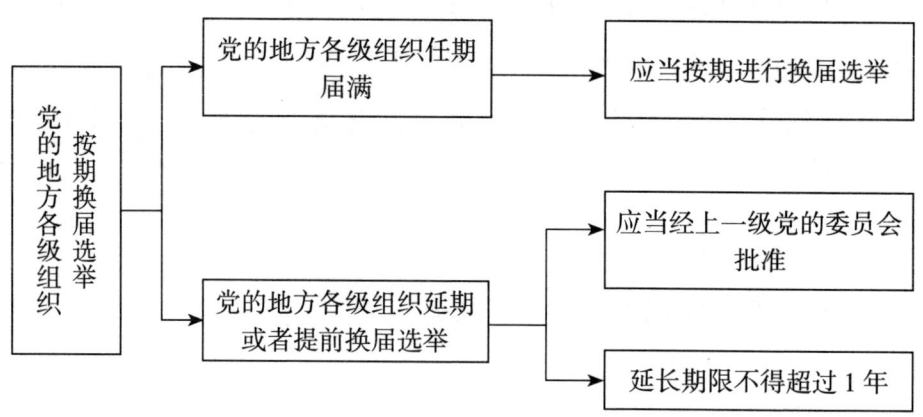

准，可以提前或延期举行。

新条例落实党章的要求，明确党的地方各级组织任期届满，应当按期进行换届选举。如需延期或者提前换届选举，应当经上一级党的委员会批准。延长期限不得超过1年。这就表明，未经上一级党的委员会批准，党的地方各级组织不得延期或提前进行换届选举。即便是延期进行换届选举，延长期限也不得超过1年。

【重点难点提示】

如果确需延期或者提前换届选举，应办理审批手续。党的地方各级组织，要经过集体研究形成决议并要向上一级党的委员会报告，请求同意。上一级党的委员会要正式下达同意延期或者提前换届选举的批复。接到上一级党的委员会正式批复后，向所辖党组织和党员通知延期或者提前召开的决定。党的地方各级代表大会如提前或延期举行，由它选举的委员会的任期也相应地改变。

四、选举方式

【新条例】第四条　党的地方各级代表大会代表，委员会委员和候补委员、常务委员会委员，纪律检查委员会委员、常务委员会委员实行差额选举。

党的地方各级委员会和纪律检查委员会书记、副书记实行等额选举。

【原条例】第四条　党的地方各级代表大会代表，委员会委员、候补委员、常务委员会委员，纪律检查委员会委员、常务委员会委员实行差额选举。

党的地方各级委员会和纪律检查委员会书记、副书记实行等额选举。

本条是关于选举方式的规定。此次修订，未作修改。

党内选举，就候选人与应选人名额而言，有两种形式，一种是等额选举，另一种是差额选举。所谓等额选举，是指候选人数与应选人数相等的选举。采用等额选举，选举人对被选举人缺少选择的余地，容易使候选人成为变相的指定当选人，不利于发扬党内民主和体现选举人的意志。党内选举对等额选举的范围进行了严格的限制，一般只限于党的各级委员会和纪律检查委员会的书记、副书记的选举。所谓差额选举，就是在选举中实行候选人数多于应选人数的不等额选举。党章规定，可以直接采用候选人数多于应选人数的差额选举办法进行正式选举。也可以先采用差额选举办法进行预选，产生候选人名单，然后进行正式选举。

选举方式

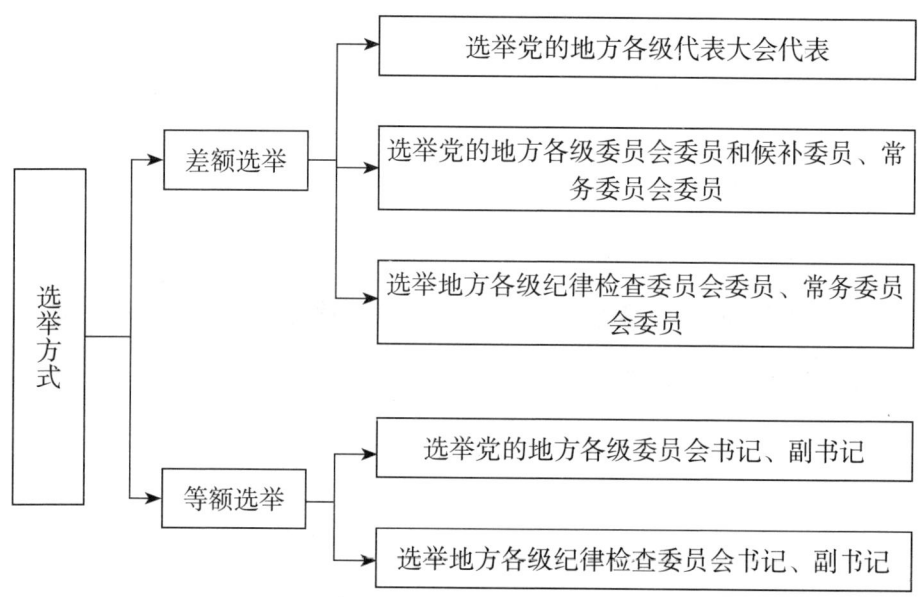

1988年3月26日中共中央组织部印发的《关于党的省、自治区、直辖市代表大会实行差额选举的暂行办法》明确提出，党的省、自治区、直辖市代表大会的代表，委员会的委员、候补委员和常务委员会委员，纪律检查委员会的委员、常务委员实行差额选举。党的省、自治区、直辖市委员会的书记、副书记，纪律检查委员会的书记、副书记暂不实行差额选举。1994年1月26日中共中央发布的《中国共产党地方组织选举工作条例》对党的地方各级代表大会的选举方式作出统一规定。新条例重申了这一规定。

根据本条的规定，党的地方各级代表大会代表，委员会委员和候补委员、常务委员会委员，纪律检查委员会委员、常务委员会委员实行差额选举；党的地方各级委员会和纪律检查委员会书记、副书记实行等额选举。

五、选举权利

【新条例】第五条　选举应当充分发扬民主，尊重和保障选举人的民主权利，体现选举人的意志。任何组织和个人不得以任何方式强迫选举人选举或者不选举某个人。

【原条例】第五条　选举应充分发扬民主，尊重和保障选举人的民主权利，体现选举人的意志。任何组织和个人不得以任何方式强迫选举人选举或不选举某个人。

本条是关于选举人选举权利的规定。此次修订，只改动了个别文字，其他未作修改。

选举是党内生活中的大事，党员通过行使选举权，将自己认为最优秀的分子推选为党的代表或者选举为党组织的领导干部，这是党员参与党内事务最直接和最重要的方式，可以更好地调动党员参与党内生活的积极性主动性，增强党员的责任感和使命感。

党章规定，党的各级代表大会的代表和委员会的产生，要体现选举人的意志。任何组织和个人不得以任何方式强迫选举人选举或不选举某个人。《中国共产党党员权利保障条例》第十四条第一款规定，党员有党内选举权，有权参加党内选举，了解候选人情况、要求改变候选人、不选任何一个候选人和另选他人。

党内选举要充分体现选举人的意志，是指在选举中要充分发扬民主，尊重选举人的意愿，切实保障选举人按照自己的意愿作出选择的权利。选举人的这种权利，是党章赋予的，任何组织和个人都不得侵犯。党组织推荐的候选人，是严格按照标准和程序推荐的，一般来说各个方面都比较优秀。但是，也不排除组织了解情况不够全面，或者由于其他原因，候选人可能并不完全合适。如果党员认为党组织提出或者推荐的候选人不符合当选条件或者不合适，可要求改变候选人、不选任何一个候选人和另选其他人。在党内，不论职务高低，每个党员在行使选举权时，同样只能有一票的权利。

六、投票方式

【新条例】第六条　选举采用无记名投票方式。

【原条例】第六条　选举采用无记名投票方式。

本条是关于投票方式的规定。此次修订，未作修改。

党章规定，党的各级代表大会的代表和委员会的产生，选举采用无记名投票的方式。无记名投票，是指选举人在选举时不公开署名的投票方法。采用这种方式，可以使选举人不受候选人在场的影响，免除顾虑，选出自己认为符合当选条件或合适的人；充分表达自己的意愿；可以使候选人不知道谁不赞成自己，有效地避免可能出现的某些违反党内选举法规的行为，特别是防止打击报复行为。同举手方式相比，无记名投票方式更为庄重，计算票数较为准确，使选举人感到自己的权利受到尊重，可以激发其主人翁意识和责任感。因此，本条规定，选举采用无记名投票方式。

七、选举办法

【新条例】第七条 选举可以直接采用候选人数多于应选人数的差额选举办法进行正式选举；也可以先采用差额选举办法进行预选，产生候选人名单，然后进行正式选举。

【原条例】第七条 选举可以直接采用候选人数多于应选人数的差额选举办法进行正式选举；也可以先采用差额选举办法进行预选，产生候选人名单，然后进行正式选举。

本条是关于选举办法的规定。此次修订，未作修改。

根据本条的规定，选举可以采取两种办法：一是直接采用候选人数多于应选人数的差额选举办法进行正式选举；二是先采用差额选举办法进行预选，产生候选人名单，然后进行正式选举。

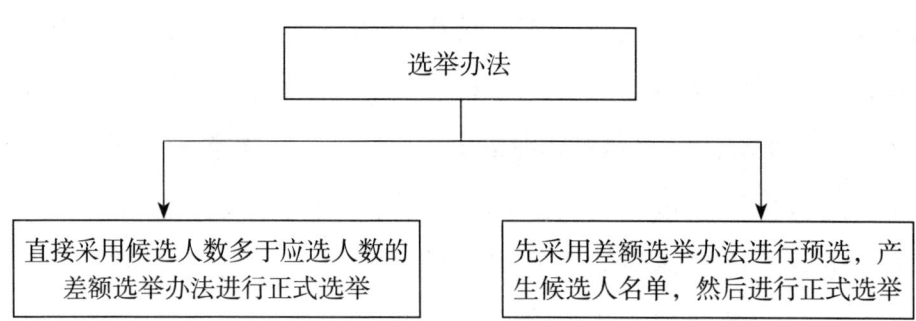

直接采用候选人数多于应选人数的办法进行正式选举，如果选举结果得赞成票数超过应到会有选举权人数的半数者多于应选名额，则按票数多少依次取至应选名额。采用差额选举办法进行预选，产生候选人名单，然后进行正式选举，与直接差额选举办法的程序和基本原则相同；所不同的是要进行两次选举。预选产生的候选人名单，一般情况下可按得票多少确定与应选名额相等的候选人，正式选举时不再实行差额选举；也可以由大会决定，将得赞成票超过半数者都作为候选人，正式选举时再实行差额选举。

提高新时代党的地方组织选举质量的制度保证

党的地方组织在党的组织体系中居于承上启下的关键环节，是推进国家治理体系和治理能力现代化的重要层级，在本地区发挥着总揽全局、协调各方的领导作用。党的十八大以来，以习近平同志为核心的党中央对贯彻执行党的民主集中制、规范完善党的地方组织选举作出一系列重大部署，推动形成了党的地方组织选举工作健康有序的良好局面。当前，我们即将全面建成小康社会、实现第一个百年奋斗目标，开启全面建设社会主义现代化国家新征程、向第二个百年奋斗目标进军。实现新时代党的奋斗目标，关键在党，关键在人，关键在各级领导班子。要通过健全完善党的地方组织选举制度机制，以科学规范严谨的选举工作，选好配强地方党组织领导班子，切实提高抓改革、促发展、保稳定的工作水平和专业化能力，把地方党组织建设成为忠诚践行习近平新时代中国特色社会主义思想的坚强领导集体。

党的地方组织选举是党内政治生活的重要内容，是加强党的政治建设、党内民主建设的重要途径。要坚持党中央集中统一领导，以党的政治建设为统领，落实全面从严治党要求，发挥党委统揽全局、协调各方的领导作用，确保正确政治方向。要坚持发扬党内民主，贯彻党的民主集中制，扩大和完善有序有效参与，尊重和保障党员、代表的民主权利，积极创造有利于选举人真实表达意愿的环境和条件，确保党员和代表在正确行使民主权利与贯彻执行党的主张有机统一的前提下充分行使民主权利。要教育引导广大党员干部积极参加党的地方组织选举，在严肃的党内政治生活中经受政治历练和党性锤炼，不断增强党的意识、政治意识、规矩意识。

严格执行选举制度规定，切实提高党的地方组织选举质量。

各级党组织要自觉增强制度意识，强化制度执行的监督，维护制度的权威性和严肃性。要按照《中国共产党地方组织选举工作条例》的规定，严格代表资格条件，把政治标准放在首位，确保选出合格的代表。要合理分配代表名额，优化代表结构，确保生产和工作一线代表比例。要落实好干部标准，坚持德才兼备、以德为先、任人唯贤的原则和结构合理的要求提名委员候选人，强化政治素质考察，严格审核把关，确保人选质量。要把纪律和规矩挺在前面，坚持教育在先、警示在先、预防在先，严肃政治纪律、组织纪律和换届纪律，确保选举风清气正。

（摘编自《人民日报》2021年1月7日，作者：人民日报评论员）

"十大禁令"为换届保驾护航

2021年1月，中共中央纪委机关、中共中央组织部、国家监察委员会联合印发了《关于严肃换届纪律加强换届风气监督的通知》（以下简称《通知》），通知中从十个方面严明了换届纪律，明确了"十个严禁"。2021年，地方各级领导班子将陆续开始换届，各地要认真学习贯彻《通知》要求，严肃换届纪律，教育引导广大党员干部讲政治、顾大局、守规矩，营造风清气正的换届风气，保证各地换届工作顺利完成。

提出"十个严禁"纪律要求，是未雨绸缪的睿智之策。我党、我军历来有未雨绸缪、提前谋划、不打无准备之仗的传统。早在我军建军之初，毛泽东发动和领导湘赣边界秋收起义的时候，就对官兵提出了"对待人民群众说话和气、买卖公平、不拉夫，不打人，不骂人"的要求。1947年，毛泽东同志又亲自起草了《中国人民解放军总部关于重新颁布三大纪律八项注意的训令》（又称"双十训令"），将人民军队的政治纪律、军事纪律和群众纪律上升到更严格的层面。正是有了这样"铁"的纪律的保障，才能使广大官兵自觉提高思想觉悟和政治觉悟，自觉保持同人民群众的血肉联系，才能在革命过程中不断赢得人民群众的拥护和爱戴，才能成就军民团结一心、共同完成建国大业的辉煌功绩。此次"十个严禁"纪律要求的提出，正是我们党提前谋划、深入研判之后作出的英明决策，将纪律挺在换届工作之前，才能将一些人、一些地方存在的"侥幸心理"、违规行为扼杀在萌芽状态，让许多人不敢"露头"，达到"露头必被打"、"伸手必被抓"的警示教育作用，为营造良好的换届风气、保证换届圆满顺利完成垫下了"铺路石"。

提出"十个严禁"纪律要求，是保证地方稳定的"压秤石"。地方党政领导班子是领导一地发展的"龙头"，牵一发而动全身。只有平稳顺利地完成换届工作，选出实干能干的新班子，才能保持基层的稳定、群众的安心。但在换届的过程中，往往会出现一些不稳定的因素，比如有些人跑官要官、买官卖官、拉票贿选、结党营私，有时由于"斗争"激烈，甚至会出现一些暴力事件，造成恶劣的社会影响。在这样的"敏感"期，就需要有铁的纪律来支撑，以保证换届选举程序合法合规、保证选出的干部政治素质过硬、业务能力精湛，推动地区经济社会平稳发展。

提出"十个严禁"纪律要求,有利于保证换届工作的质量。地方各级领导班子换届,是广大党员群众政治生活中的一件大事、要事,换届工作质量,直接关系到今后五年乃至更长时间地区改革、发展和稳定大局。各地要以学习贯彻"十个严禁"为契机,以高度的政治责任感和从严从实的工作作风,严肃换届纪律,抓好换届风气,确保高标准高质量完成换届任务,确保选出忠诚干净担当的好干部,配出结构优、能力强的好班子,换出心齐气顺劲足的好面貌,为全面建设社会主义现代化国家提供坚强组织保障。

(摘编自《大众日报》2021年2月16日,作者:姜倩倩)

第二章　代表的产生

选好代表是开好党的地方各级代表大会的重要基础，同时也是广大党员按照民主集中制原则，行使民主权利，参与党内政治生活的重要途径和形式。新条例的第二章是代表的产生，共8条，即第八条至第十五条。与原条例相比，新条例新增了1条。本章明确了代表条件和名额、结构比例、差额比例、产生程序、资格审查等内容。党中央高度重视党的地方代表大会代表选举工作，对突出政治标准、注重优化结构、加强审核把关、改进产生程序等提出明确要求，既保证代表的代表性，又保证代表的先进性。为贯彻落实党中央的要求，此次修订，主要新增了5个方面的内容：一是在代表条件中，新增自觉增强"四个意识"、坚定"四个自信"、做到"两个维护"和具有履行代表职责的能力等方面的要求。二是明确选举单位划分。三是优化代表结构。四是明确产生办法，规范产生程序。五是从"于法周延"考虑，明确了代表补选的相关要求。

一、代表条件

【新条例】第八条　党的地方各级代表大会代表应当是党员中的优秀分子,认真贯彻执行党的基本理论、基本路线、基本方略,自觉增强"四个意识"、坚定"四个自信"、做到"两个维护",牢记党的初心和使命,密切联系党员和人民群众,发挥模范带头作用,遵守党章党规党纪和宪法法律法规,按照党性原则办事,具有履行代表职责的能力。

【原条例】第八条　代表应是共产党员中的优秀分子,能够认真贯彻执行党的基本路线和方针、政策,按党性原则办事,严守党的纪律,有一定的议事能力。

本条是关于党的地方各级代表大会代表条件的规定。

此次修订,重申了成为党的地方各级代表大会代表的两个条件:一是"应当是党员中的优秀分子"。党员是中国工人阶级的有共产主义觉悟的先锋战士,作为党的地方各级代表大会代表理应是党员中的优秀分子,只有这样,才能肩负起代表的职责。二是"按照党性原则办事"。党性是党员立身、立业、立言、立德的基石。党性原则指共产党员在党的实际活动中坚持党性必须坚持的原则,这些原则构成了全体党员的基本行为规范。党性原则是根据党的性质、纲领和组织原则确立的,在不同的历史时期有不同的要求。新时代党性原则集中体现在党章以及《关于新形势下党内政治生活的若干准则》之中。能不能坚持党

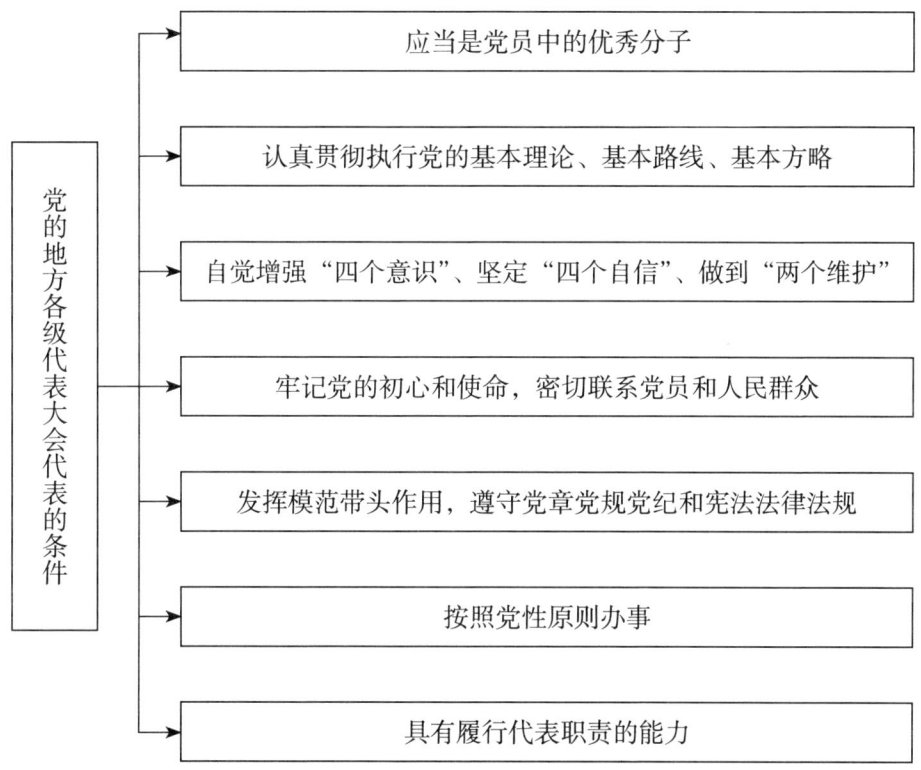

性原则,是对党员政治品格的直接检验。作为党的地方各级代表大会代表,应该更加自觉地坚持党性原则。

除了重申上述两个条件外,此次修订主要作了两个方面的修改。

第一个方面,强调了代表的政治素质和纪律方面的要求,即认真贯彻执行党的基本理论、基本路线、基本方略,自觉增强"四个意识"、坚定"四个自信"、做到"两个维护",牢记党的初心和使命,密切联系党员和人民群众,发挥模范带头作用,遵守党章党规党纪和宪法法律法规。要理解这个方面,需要把握以下四点。

一是关于认真贯彻执行党的基本理论、基本路线、基本方略。党的十九大就新时代坚持和发展中国特色社会主义的一系列重大理论和实践问题阐明了大政方针，并将习近平新时代中国特色社会主义思想确立为我们党必须长期坚持的指导思想。党的基本路线是党和国家的生命线，坚持党的基本路线是我们事业能够经受风险考验、顺利实现中华民族伟大复兴的中国梦的最可靠的保证。党的十九大的又一个重要贡献，是提出了新时代坚持和发展中国特色社会主义的基本方略，即"十四个坚持"。党的基本理论、基本路线、基本方略是在我们党带领人民推进改革开放的历史进程中形成的，并经过党的十九大报告和党章修正案的凝练概括与深刻阐述得到极大的升华。习近平总书记在党的十九大报告中指出："全党同志必须全面贯彻党的基本理论、基本路线、基本方略，更好引领党和人民事业发展。"

二是关于自觉增强"四个意识"、坚定"四个自信"、做到"两个维护"。这是政治纪律方面的根本要求。党的十八届六中全会强调，全党必须牢固树立政治意识、大局意识、核心意识、看齐意识，自觉在思想上政治上行动上同党中央保持高度一致。党的十九大把坚定"四个自信"写入了党章。维护党中央权威，首先要维护习近平总书记的核心地位。在党的十八届六中全会公报中，首次出现了"以习近平同志为核心的党中央"的提法。党的十八届六中全会明确习近平总书记为党中央的核心、全党的核心，实至名归，顺乎党心民意，对党和国家事业发展具有极其重要的现实意义和深远的历史意义。党的十九大闭幕后，中央制定出台的第一个文件就是《中共中央政治局关于加强和维护党中央集中统一领导的若干规定》，这是对党的十八大以来管党治党经验的深刻总结，也是贯彻落实基本方略、体现党对一切工作的领导的集中体现。2018年12月25日至26日，中共中央政治局召开的民主生活会强调，中央政治局的同志要带头树牢"四个意识"，坚定"四个自信"，坚决做到"两个维护"。2019年1月11日，习近平总书记在十九届中央纪委三次全会上指出，增强"四个意识"、坚定"四个自信"、做到"两个维护"，是具体的不是抽象的，领导干部特别是高级干部必须从知行合一的角度审视自己、要求自己、检查自己。[①] 自此，增强"四个意识"、坚定"四个自信"、做到"两个维护"逐渐成为各级党组织和广大党员干部必须努力达到的目标。

【重点难点提示】

党的核心只有一个，党的权威必须归于党中央，这本是"两个维护"的应有之义，也是从实践中经过千辛万苦探索得来的宝贵经验，更是我们党最根本的政治纪律和政治规矩。然而，有的地方和一些领导干部在讲到维护党的核心、维护党中央权威时，或牵强附会，或别有用心把这个逻辑层层传下去，级级树核心、层层提权威。有的党委主要领导甚至以党组织发挥领导核心和战斗堡垒作用为说辞，大言不惭地把自己称作核心，要求

---

① 参见《取得全面从严治党更大战略性成果 巩固发展反腐败斗争压倒性胜利》，《人民日报》2019年1月12日。

维护自己的权威。这不仅在理论上根本站不住脚,在实践中也是极其有害的。

三是牢记党的初心和使命,密切联系党员和人民群众。党的初心和使命是党的性质宗旨、理想信念、奋斗目标的集中体现,激励着我们党永远坚守,砥砺着我们党坚毅前行。习近平总书记指出:"初心不会自然保质保鲜,稍不注意就可能蒙尘褪色,久不滋养就会干涸枯萎,很容易走着走着就忘记了为什么要出发、要到哪里去,很容易走散了、走丢了。我们查处的那些腐败分子,之所以跌入违纪违法的陷阱,从根本上讲就是把初心和使命抛到九霄云外去了。不忘初心、牢记使命不是一阵子的事,而是一辈子的事,每个党员都要在思想政治上不断进行检视、剖析、反思,不断去杂质、除病毒、防污染。"[①] 密切联系党员和群众,是我们党的最大优势,也是坚守党的初心和使命的内在要求。作为党代表,更应牢记党的初心和使命,密切联系党员和人民群众。

四是发挥模范带头作用,遵守党章党规党纪和宪法法律法规。党的地方各级代表大会代表是党员中的优秀分子,理应发挥模范带头作用,遵守党章党规党纪和宪法法律法规。中共中央2008年7月印发的《中国共产党全国代表大会和地方各级代表大会代表任期制暂行条例》第五条规定:"党代表大会代表要认真学习宣传贯彻党的理论和路线方针政策,认真学习宣传贯

---

① 习近平:《在"不忘初心、牢记使命"主题教育总结大会上的讲话》(2020年1月8日),《求是》2020年第13期。

彻党代表大会精神,模范遵守党的章程、党内各项规定和国家法律法规,维护党的团结和统一,密切联系党员和群众,在生产、工作、学习和社会生活中发挥表率作用,认真行使职权,自觉接受党员和群众的监督,不得利用代表身份谋求任何私利和特权。"此次对条例的修订,吸收了上述规定。

值得注意的是,在"遵守党章党规党纪和宪法法律法规"这个条件中,"党章党规党纪"置于"宪法法律法规"之前。这是因为,党章党规党纪是对党员的要求。党员当然要遵守宪法法律法规,但是更要遵守党章党规党纪。党员的某一种行为,可能没有违法,但是可能涉及违纪。党员不是普通群众,自然要受到更严格的约束。党代表是党员中的优秀分子,更应处处发挥模范带头作用。

【重点难点提示】

坚持纪严于法、纪法分开、纪在法前,不是具体处分规定重于国家法律,更不是可以超越国家法律,而是要防微杜渐,实现由惩治极少数向监督管理大多数转变,这反映了我们党对管党治党规律认识的深化。坚持纪严于法既是对广大党员干部的约束,也是对他们的最大爱护。

第二个方面,将"有一定的议事能力"修改为"具有履行代表职责的能力"。这样修改,更加符合代表的职责要求。新条例并没有专门阐述代表职责的内容。我们可以参考《中国共产党全国代表大会和地方各级代表大会代表任期制暂行条例》,其规定了党代会代表的8项权利与职责，主要包括：同级党代会召开期间参与听取和审查党委、纪委的报告，参与讨论和决定有关重大问题，行使表决权、选举权且有被选举权，了解党委、纪委以及所在选举单位党组织贯彻执行党的决议、决定的情况，提出意见建议，对党委、纪委及成员进行监督，参加党代会相关活动，完成党代会或党委委托的相关工作。

二、代表名额的确定

【新条例】第九条　党的地方各级代表大会代表的名额，由召开代表大会的党的委员会全体会议，按照有利于充分发扬党内民主、有利于讨论决定问题和代表具有广泛性的原则确定，报上一级党的委员会批准。

党的省、自治区、直辖市代表大会代表名额，一般为400至800名。

设区的市和自治州代表大会代表名额，一般为300至500名。

县（旗）、自治县、不设区的市和市辖区代表大会代表名额，一般为200至400名。

所辖党组织数量和党员人数较多或者较少的，可以适当增加或者减少代表名额。

【原条例】第九条　党的地方各级代表大会的代表名额，由召开代表大会的党的委员会全体会议，按照有利于充分发扬党内民主、有利于讨论决定问题和代表具有广泛性的原则确定。

党的省、自治区、直辖市代表大会代表名额，一般为四百至八百名。

设区的市、自治州代表大会代表名额，一般为三百至五百名。

县（旗）、自治县、不设区的市和市辖区代表大会代表名额，一般为二百至四百名。

党员和所辖党组织较多或较少的，可以适当增加或减少代表名额。

本条是关于党的地方各级代表大会代表名额的规定，共5款内容。

第一款给出了党的地方各级代表大会代表名额确定的原则，就是由召开代表大会的党的委员会全体会议，按照有利于充分发扬党内民主、有利于讨论决定问题和代表具有广泛性的原则确定，同时新增了"报上一级党的委员会批准"的要求。确定名额的程序是：先确定一个具体名额，然后报上一级党的委员会批准。如果批复同意，就按批复的具体名额执行。如果不同意，则需要再调整。

第二款到第四款，分别给出了党的省、自治区、直辖市代表大会代表名额的范围，设区的市、自治州代表大会代表名额的范围，县（旗）、自治县、不设区的市和市辖区代表大会代表名额的范围。1985年2月1日中共中央组织部印发的《关于党的地方各级代表大会若干具体问题的暂行规定》明确，省、自治区、直辖市党代表大会代表名额，一般为400至700人，党

党的地方各级代表大会代表的名额

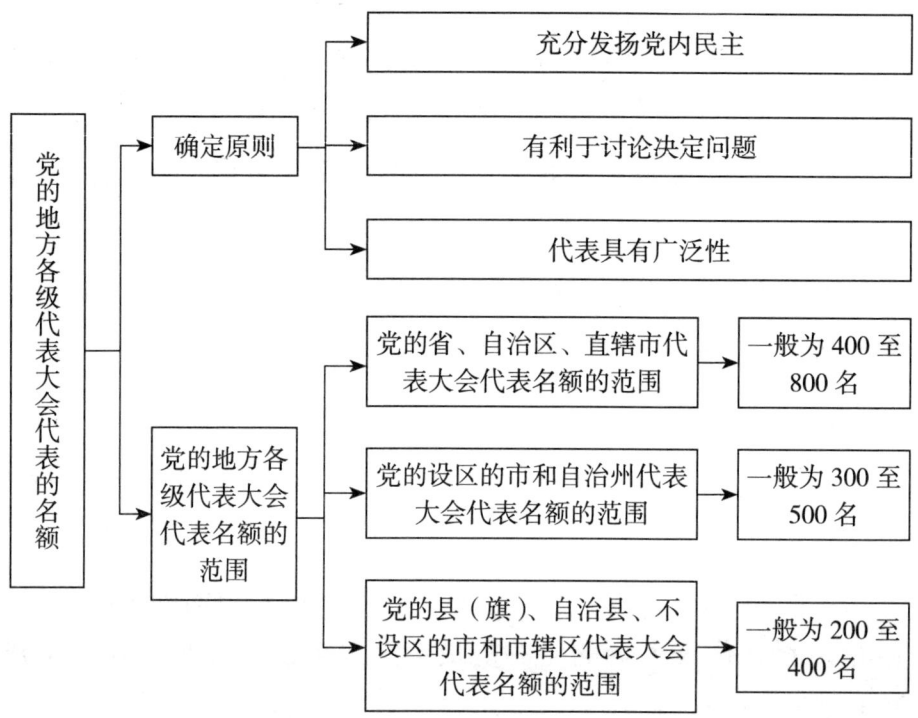

员和所辖党组织较少的 300 至 400 人，党员和所辖党组织较多的 700 至 900 人。省辖市党代表大会代表名额，一般为 200 至 400 人，党员和所辖党组织较多的 400 至 600 人。自治州党代表大会代表名额，一般为 200 至 500 人。直辖市的区党代表大会代表名额，一般为 200 至 400 人。县（旗、市）、自治县和省辖市的区党代表大会代表名额，一般为 200 至 400 人。党员和所辖党组织较多的 500 人左右。

1994 年 1 月 26 日中共中央发布的《中国共产党地方组织选举工作条例》，对代表名额作出规定：党的省、自治区、直辖市代表大会代表名额，一般为 400 至 800 名；设区的市、自治州代表大会代表名额，一般为300至500名；县（旗）、自治县、不设区的市和市辖区代表大会代表名额，一般为200至400名。这一规定，是根据多年来的实践经验作出的。由于党的地方各级组织所辖党组织数量、党员人数，以及各地社会和经济发展状况等情况差异较大，对代表名额的规定应该有个幅度。这样规定，既使党的地方各级组织确定代表名额及其上级党组织批准代表名额有所遵循，又有利于党的地方委员会从实际情况出发，保持代表数量的大体平衡。

此次对条例进行修订，重申了原条例的规定。执行这一规定，要在遵循有利于充分发扬党内民主、有利于讨论决定问题和代表具有广泛性的原则的基础上，坚持实事求是，不搞攀比。要坚持集体领导的原则，党的地方各级代表大会代表的名额，由召开代表大会的党的委员会全体会议确定，同时要报上一级党的委员会批准。

第五款规定，所辖党组织数量和党员人数较多或者较少的，可以适当增加或者减少代表名额。这就表明，所辖党组织数量和党员人数较多或者较少的，可以增加或者减少代表名额，但要"适当"。

三、选举单位

【新条例】第十条 党的地方各级代表大会代表的选举单位，一般按照党的下一级地方组织或者基层组织划分。党的地方各级委员会派出的机关工作委员会、街道工作委员会等，经同级党的委员会批准，可以划分为选举单位。

【原条例】无

本条是关于党的地方各级代表大会代表的选举单位的规定，属于此次修订新增的内容。

1985年2月1日，中共中央组织部印发的《关于党的地方各级代表大会若干具体问题的暂行规定》明确，党的地方各级代表大会的代表，由所辖党组织召开党代表大会或党员大会选举产生。党的县级以上委员会，在必要时也可召开代表会议，选举出席上级党的代表大会的代表。上级党委派出的代表机关，不能召开党代表大会或代表会议。这些机关出席上级党代表大会的代表，可由所在直属机关党组织召开党代表大会或党员大会选举产生。党组不能召开党代表大会或代表会议。这些单位及其直属企事业选举出席上级党代表大会的代表，可采取不同办法。有的参加直属机关党委召开的党代表大会；有的参加所在地方党委召开的党代表大会或代表会议；有的可以将代表名

党的地方各级代表大会代表的选举单位

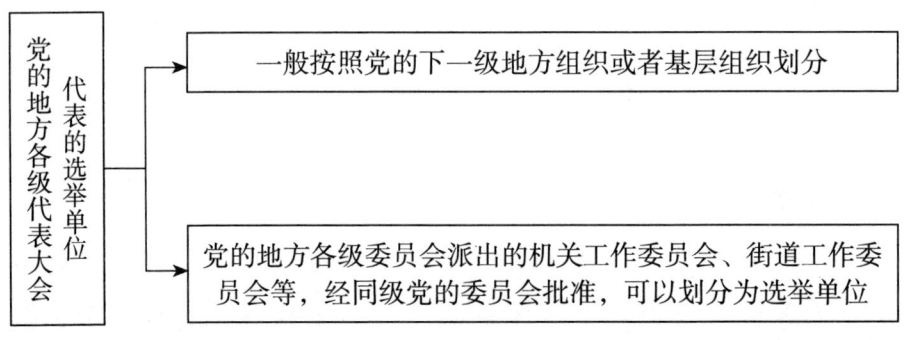

额直接分配到直属企事业，由企事业党委召开党代表大会或党员大会选举产生。但是，1994年1月26日中共中央发布的《中国共产党地方组织选举工作条例》，并未对党的地方各级代表大会代表的选举单位进行规定。

在党内选举中，党代表大会代表的选举单位一般是按党的下一级组织（包括地方组织或基层组织）划分的。党的地方各级委员会派出的代表机关一般不能划分为选举单位。党的地方各级委员会的机关工作委员会，虽然也是党委派出的代表机关，但考虑到其工作的特殊性，经党委批准，可以划分为选举单位。新条例在总结经验的基础上，对党的地方各级代表大会代表的选举单位进行了明确。根据本条规定，党的地方各级代表大会代表的选举单位，一般按照党的下一级地方组织或者基层组织划分。党的地方各级委员会派出的机关工作委员会、街道工作委员会等，可以划分为选举单位，但是需要经同级党的委员会批准。

四、代表名额的分配

【新条例】第十一条　代表名额的分配由召开代表大会的党的委员会按照所辖党组织数量、党员人数和工作需要确定。

【原条例】第十条　代表名额的分配由召开代表大会的党的委员会按照所辖党组织的数量、党员人数和工作需要确定。

本条是关于代表名额分配的规定。此次修订，未作修改。

根据本条的规定，代表名额的分配，由召开代表大会的党的委员会按照所辖党组织数量、党员人数和工作需要确定。这一规定，吸收了党的十九大代表选举的做法。党的十九大代表名额的分配，主要按党组织数和党员人数确定，同时考虑前几次党的全国代表大会代表名额等因素。党的十九大代表选举工作的一个突出特点，就是适当提高生产和工作第一线代表比例。①

党的地方各级代表大会代表名额分配的依据

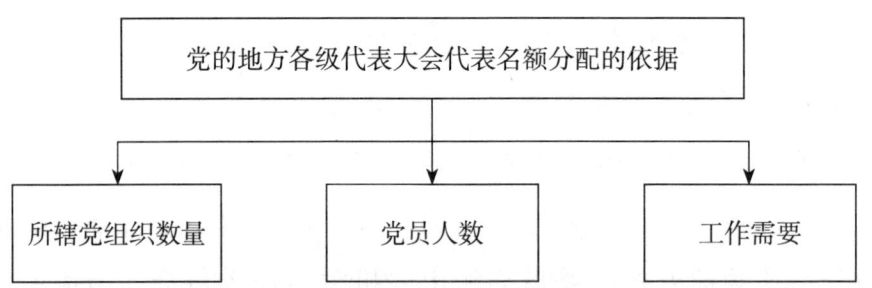

这里所说的"名额分配"，是在总名额批复同意后，给下级选举单位怎么分配名额的问题。需要注意的是，所辖党组织数量、党员人数是分配代表名额的一项重要依据，但不宜简单地按所辖党组织数量、党员人数分配。要考虑代表的广泛性。

【重点难点提示】

党委、纪委负责人和有关领导机关的主要党员负责人因工作需要，可以作为党委提名的代表候选人分配到

---

① 参见《中组部负责人就党的十九大代表选举工作答记者问——选举工作从五方面改进完善》，《人民日报》2016年11月11日。

有关选举单位（通常是领导同志工作过的单位或原籍）选举。地方可以分配到有关选举单位选举的党员领导干部，必须是党委常委或行政负责人，如党员正副省（市、县、区）长；人大常委会党员正副主任；政协党员正副主席；法院党员院长；检察院党员检察长。

五、代表构成

【新条例】第十二条　党的地方各级代表大会代表中应当有各级领导干部、各类专业技术人员、各条战线先进模范人物、中国人民解放军、中国人民武装警察部队等各方面的代表。

代表构成的指导性比例由召开代表大会的党的委员会根据实际情况确定。确保生产和工作一线代表比例，工人、农民代表应当有一定数量。女代表占代表总数的比例一般不少于本地区女党员占党员总数的比例。民族自治地方少数民族代表占代表总数的比例一般不少于本地区少数民族党员占党员总数的比例。

党的省、自治区、直辖市代表大会代表中，生产和工作一线代表占代表总数的比例一般不少于30%，其中应当有一定比例的各类专业技术人员、各条战线先进模范人物。

【原条例】第十一条　党的地方各级代表大会代表中应有各级领导干部、各类专业技术人员、各条战线先进模范人物、解放军、武警部队等各方面的代表。代表构成的指导性比例由召开代表大会的党的委员会根据实际情况确定。妇女代表和少数民族代表所占比例一般不少于本地区妇女、少数民族党员占党员总数的比例。党的省、自治区、直辖市代表大会代表中各类专业技术人员和各条战线的先进模范人物占代表总数的比例一般不少于百分之二十五。

本条是关于党的地方各级代表大会代表构成的规定。

此次对条例的修订，将原条例第十一条分成了3款内容，并对一些内容作了修改。

根据第一款的规定，党的地方各级代表大会代表中应当有各级领导干部、各类专业技术人员、各条战线先进模范人物、中国人民解放军、中国人民武装警察部队等各方面的代表。

第二款首先规定了代表构成的指导性比例，由召开代表大会的党的委员会根据实际情况确定。此次修订，一是强调确保生产和工作一线代表比例，工人、农民代表应当有一定数量。近年来，从党的全国代表大会到党的地方各级代表大会的代表的选举来看，都强调改善代表结构，体现广泛代表性。在代表候选人的推荐提名过程中，各选举单位都适当提高了生产和工作第一线代表比例，注重推荐工人、农民、专业技术人员党员中的先进模范人物作为代表人选，确保被推荐对象能够反映广大党员的意愿。二是重申女代表占代表总数的比例一般不少于本地区女党员占党员总数的比例。三是重申民族自治地方少数民族代表占代表总数的比例一般不少于本地区少数民族党员占党员总数的比例。

为确保生产和工作一线代表比例，第三款规定，党的省、自治区、直辖市代表大会代表中，生产和工作一线代表占代表总数的比例一般不少于30%，其中应当有一定比例的各类专业技术人员、各条战线先进模范人物。为了保证生产和工作一线代表的比例，各选举单位可采取多种政策和措施，在推荐提名和选举中向一线倾斜。

党的地方各级代表大会代表的结构比例

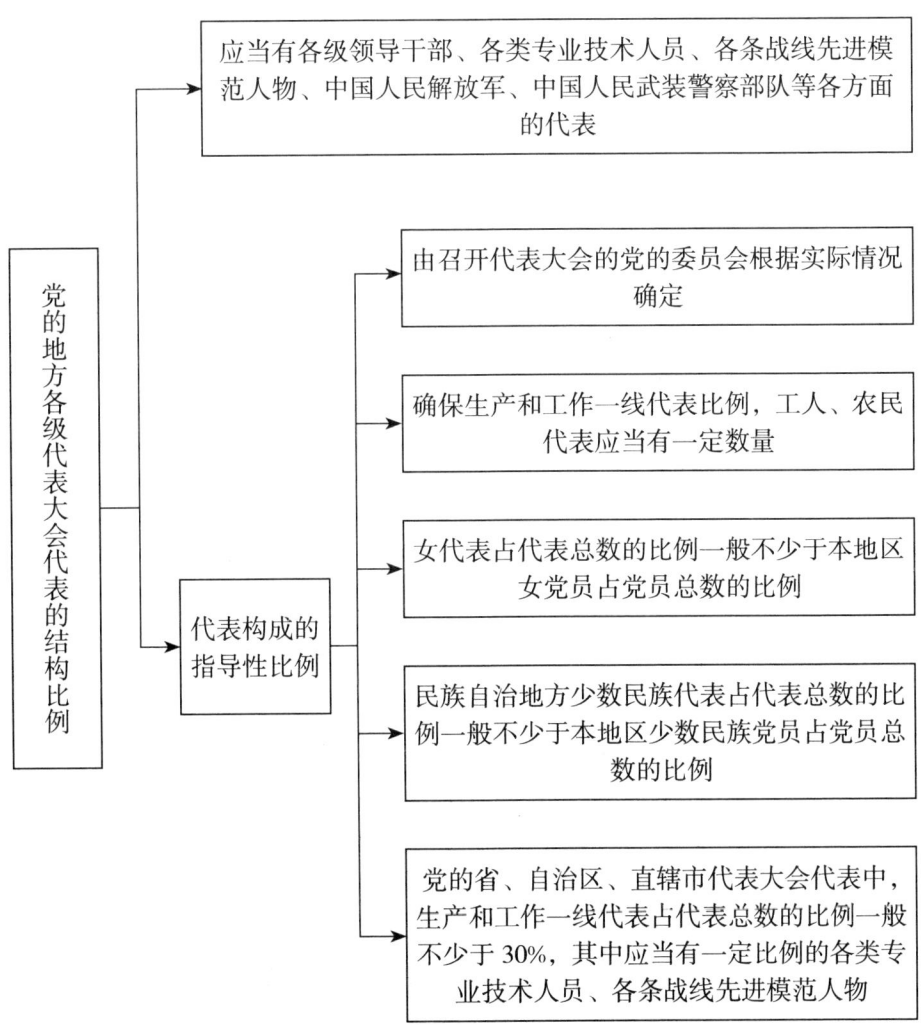

六、代表候选人的差额比例

【新条例】第十三条　党的地方各级代表大会代表候选人的差额比例，不少于20%。

【原条例】第十二条　党的地方各级代表大会代表候选人的差额比例，不少于百分之二十。

本条是关于党的地方各级代表大会代表候选人的差额比例的规定。此次修订，未作修改。

实行差额选举制度是改革开放以来党内选举制度改革迈出的一大步。党的十三大在中央委员会和中央纪律检查委员会候选人预选中实行了差额选举，这在党的全国代表大会的历史上还是第一次。党的十四大、十五大和十六大在不同程度和层面上实行了差额选举，党的十七大代表的差额比例超过了15%，比党的十六大提高了5个百分点，中央委员会成员的选举差额比例也逐渐提高。党的十八大代表和党的十九大代表，差额选举的比例都多于15%。与此同时，各地在党内选举工作中坚持大胆探索，总结积累了一些好的经验，使党的基层组织和党的地方组织选举工作更加规范有序地开展。

【声音】

李拓〔中共中央党校（国家行政学院）教授〕：不断完善差额选举制度，逐步扩大差额选举适用的范围层次。没有差额就不是真正意义上的选举,差额原则要贯穿于推荐、考察、票决等选举工作的全过程。可以适当扩大差额选举的层次范围,明确差额选举比例。差额比例如果过高,容易导致票数过于分散;差额比例规定过低,则体现不了竞争性。

(摘编自《党内民主与党建科学化历程回顾——以差额选举制度实践为视角》,《人民论坛·学术前沿》2012年第15期)

根据十九大党章第十一条的规定,党的各级代表大会的代表和委员会候选人可以直接采用候选人数多于应选人数的差额选举办法进行正式选举,也可以先采用差额选举办法进行预选,产生候选人名单,然后进行正式选举。可见,实行差额选举,是党内民主发展的历史趋势。根据本条的规定,党的地方各级代表大会代表候选人的差额比例,不少于20%。不少于20%,也就意味着可以是20%,也可以是多于20%。

七、代表产生的办法和主要程序

【新条例】第十四条 党的地方各级代表大会代表的产生,采取自下而上、上下结合、反复酝酿、逐级遴选的办法进行。主要程序是:

(一)选举单位按照分配的名额,组织所辖党组织从党支部开始推荐提名,经过充分酝酿协商,根据多数党组织或者多数党员的意见提出代表候选人推荐人选；

（二）选举单位就代表候选人推荐人选与上级党组织进行沟通，提出代表候选人初步人选考察对象并进行考察，严格审核把关，集体研究确定代表候选人初步人选，并在一定范围内公示，公示期不少于5个工作日；

（三）选举单位召开党的委员会全体会议确定代表候选人预备人选，报召开代表大会的党的委员会审查；

（四）选举单位召开党员大会或者代表大会或者代表会议，对代表候选人预备人选进行充分酝酿，根据多数选举人的意见确定候选人，进行选举，选出的代表报召开代表大会的党的委员会审批。

代表大会召开前，由同一选举单位选出的代表出缺数量较多的，根据工作需要，可以按照上述程序进行补选。

【原条例】第十三条 代表产生的程序：

（一）选举单位按照分配的名额，采用自下而上的方式提名，经过充分酝酿协商，根据多数党组织或多数党员的意见提出代表候选人初步人选；

（二）选举单位对候选人初步人选进行考察；

（三）选举单位召开党的委员会全体会议确定代表候选人预备人选，报召开代表大会的党的委员会审查；

（四）选举单位召开党员大会或代表大会或代表会议，对候选人预备人选进行充分酝酿，根据多数选举人的意见确定候选人，进行选举，选出的代表报召开代表大会的党的委员会审批。

本条是关于党的地方各级代表大会代表产生的办法和主要程序的规定。

此次修订,明确了党的地方各级代表大会代表产生的办法,即采取自下而上、上下结合、反复酝酿、逐级遴选的办法。这样规定,有助于做好代表选举工作,提高代表的质量。

同时,优化了党的地方各级代表大会代表产生的主要程序。根据本条第一款的规定,代表产生的主要程序包括4个环节。

第一,提出代表候选人推荐人选。具体做法是,选举单位按照分配的名额,组织所辖党组织从党支部开始推荐提名,经过充分酝酿协商,根据多数党组织或者多数党员的意见提出代表候选人推荐人选。此次修订,明确代表候选人从党支部开始推荐提名,突出强调了党支部的重要作用。

第二,提出代表候选人初步人选考察对象并进行考察。具体做法是:选举单位就代表候选人推荐人选与上级党组织进行

党的地方各级代表大会代表产生的主要程序

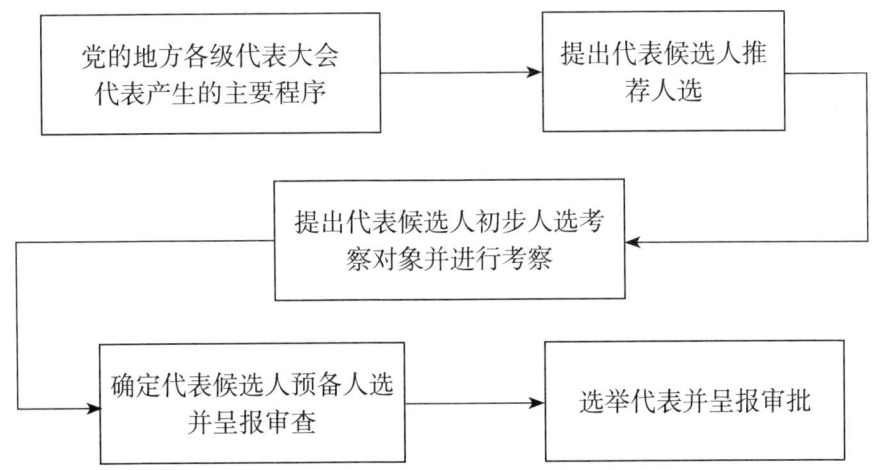

沟通，提出代表候选人初步人选考察对象并进行考察，严格审核把关，集体研究确定代表候选人初步人选，并在一定范围内公示，公示期不少于5个工作日。此次修订，一是明确在对代表候选人初步人选进行考察前，选举单位要就代表候选人推荐人选与上级党组织沟通，提出代表候选人初步人选考察对象。二是强调要严格审核把关，集体研究确定代表候选人初步人选。三是明确要在一定范围内公示，公示期不少于5个工作日。对于公示期内有异议、经审查确实不合适的，要进行更换。这样规定，细化了代表候选人初步人选确定的程序，有助于提高代表候选人初步人选的质量。

第三，确定代表候选人预备人选并呈报审查。具体做法是：选举单位召开党的委员会全体会议确定代表候选人预备人选，报召开代表大会的党的委员会审查。如果审查发现不合适的，需要进行更换。

第四，选举代表并呈报审批。具体做法是：选举单位召开党员大会或者代表大会或者代表会议，对代表候选人预备人选进行充分酝酿，根据多数选举人的意见确定候选人，进行选举，选出的代表报召开代表大会的党的委员会审批。

此外，新增了第二款规定，即："代表大会召开前，由同一选举单位选出的代表出缺数量较多的，根据工作需要，可以按照上述程序进行补选。"1985年2月1日中共中央组织部印发的《关于党的地方各级代表大会若干具体问题的暂行规定》就明确规定，党的地方各级代表大会的代表出缺时，可由原选举单位补选。在实践中，党的地方各级代表大会的代表出缺时，的确是由原选举单位补选。因此，此次对条例进行修订，从于法周延考虑，明确了代表补选的相关要求。

值得注意的是，做好补选工作需要把握以下几点：一是补选有一个前提，就是"由同一选举单位选出的代表出缺数量较多的"。如果由同一选举单位选出的代表出缺数量较少，则不用补选。二是对于由同一选举单位选出的代表出缺数量较多的，是否要进行补选，还需要"根据工作需要"来确定。三是补选同样需要按照本条规定的主要程序进行。

八、代表资格的审查

【新条例】第十五条　党的地方各级委员会在代表大会召开前，负责对代表的产生程序和代表资格进行初步审查。

党的地方代表大会成立的代表资格审查委员会在听取党的委员会的审查情况报告后，提出代表资格审查报告。经大会预备会议或者大会主席团通过的代表，获得正式资格。

【原条例】第十四条　党的地方各级委员会在代表大会召开前，负责对代表的产生程序和代表资格进行初步审查。代表大会成立的代表资格审查委员会在听取党的委员会的审查情况报告后，提出代表资格审查报告。经大会或大会主席团通过的代表，获得正式资格。

本条是关于党的地方各级委员会代表大会代表资格审查的规定。

对党代表大会代表资格进行审查，是保证代表的质量，保证党代表大会各项任务的顺利完成。代表资格审查，主要是审查代表的产生是否合乎党章规定和有关程序，代表是否符合规定的条件。

此次修订，将原条例第十四条分成了两款。其中，第一款规定，党的地方各级委员会在代表大会召开前，负责对代表的产生程序和代表资格进行初步审查。这就明确，负责对代表的产生程序和代表资格进行初步审查的，是党的地方各级委员会。对代表资格进行初步审查，为给代表大会审查代表资格做好准备。在代表大会召开以前，党的地方各级委员会要对代表的产生程序和代表资格进行初步审查，如发现代表的产生不符合规定程序或代表不符合代表资格的，应及时建议原选举单位撤换。原选举单位来不及或不同意撤换时，应提交代表大会代表资格审查委员会审议，并提出意见，交代表大会审查决定。对暂时查不清的，代表大会闭会后仍可责成有关部门继续审查，如确有问题、不够代表资格的，要作出取消代表资格的决定。撤销代表资格，要经原选举单位决定，并报上一级党的委员会批准。

【重点难点提示】

代表资格的审查，一种情形是代表的产生不符合规定程序。这里的"代表的产生不符合规定程序"，是指选举单位酝酿提名和选举产生代表的程序、方法不符合规定。对于这种情形，处理的意见是"责成原选举单位重新进行选举"。另一种情形是代表不具备资格。这里的"代表不具备资格",是指代表不具备《中国共产党地方组织选举工作条例》第八条中所列的条件。对于这种情形,处理的意见是"责成原选举单位撤换"。

审查代表资格的权力,属于党的地方代表大会。第二款规定:"党的地方代表大会成立的代表资格审查委员会在听取党的委员会的审查情况报告后,提出代表资格审查报告。经大会预备会议或者大会主席团通过的代表,获得正式资格。"本次修改,在"代表大会"前增加了"党的地方"这个限定词,将通过代表资格审查报告的形式"大会"明确为"大会预备会议"。根据本款的规定,党的地方代表大会审查代表资格工作,主要程序有4步。

第一步,成立代表资格审查委员会。代表资格审查委员会的主任、副主任和委员人选,由上届党委提出建议名单,提交大会预备会议举手表决通过。

第二步,代表资格审查委员会听取党的委员会的审查情况报告。

第三步,代表资格审查委员会提出代表资格审查报告。

第四步,大会预备会议或者大会主席团通过代表资格审查报告,代表获得正式资格。

值得注意的是,通过代表资格审查报告的,可以是大会预备会议,也可以是大会主席团。

【重点难点提示】

按照惯例,党的地方各级代表大会正式召开前,都要先召开预备会议，决定党代表大会的有关问题。预备会议的主要任务是：报告大会的筹备情况；通过代表资格审查委员会名单；通过大会主席团名单和大会秘书长名单；通过党代表大会议程。通过其他需要确认的事项。根据新修订的《中国共产党地方组织选举工作条例》的规定，大会预备会议还可以听取代表资格审查委员会主任作关于代表资格的审查报告，通过代表资格审查报告。

大会预备会选举产生大会主席团之后，大会主席团召开第一次会议。会议分为两个阶段进行：第一个阶段，在大会秘书长的主持下，通过大会主席团常务委员会名单。第二个阶段，在大会主席团常务委员会（通常是上一届党的地方委员会的书记）的主持下，通过大会副秘书长人选和大会秘书处机构设置；代表资格审查委员会主任作关于代表资格的审查报告，通过代表资格审查报告（需要注意的是，如果此项任务在代表大会预备会议上进行，此处可省去）；通过特邀代表名单；讨论《选举办法（草案）》，提交各代表团酝酿；通过列席人员和来宾事项；通过党代会的日程。

延伸阅读
YANSHENYUEDU

黑龙江省第十二次党代会举行预备会议和主席团第一次会议

中国共产党黑龙江省第十二次代表大会2017年4

月 28 日在哈尔滨国际会议中心举行预备会议。张庆伟同志主持会议。

省第十二次党代表大会应到代表 714 名，出席预备会议的代表 707 名，符合规定。

会议表决通过由 11 人组成的代表资格审查委员会成员名单，通过由 87 人组成的大会主席团成员名单，通过大会秘书处机构设置和工作任务，通过黄建盛为大会秘书长。

会议还通过省第十二次党代表大会议程。大会议程为：听取和审查中国共产党黑龙江省第十一届委员会的报告；审查中国共产党黑龙江省第十一届纪律检查委员会的工作报告（书面）；选举中国共产党黑龙江省第十二届委员会；选举中国共产党黑龙江省第十二届纪律检查委员会；选举黑龙江省出席中国共产党第十九次全国代表大会代表。

中国共产党黑龙江省第十二次代表大会主席团 28 日下午在哈尔滨国际会议中心举行第一次会议。黄建盛同志主持会议。

会议表决通过了由张庆伟等 12 人组成的大会主席团常务委员会成员名单；通过了张雨浦等 6 人为大会副秘书长。

会议听取并通过了中国共产党黑龙江省第十二次代表大会代表资格审查委员会关于代表资格的审查报告。

报告指出，省第十二次党代表大会代表名额 715 名，实际选举产生代表 715 名……目前实有代表 714 名。

省第十二次党代表大会代表的选举工作，认真贯彻执行了民主集中制原则。各选举单位把坚持党的领导与充分发扬民主有机统一，旗帜鲜明讲政治，严格代表条件，改善代表结构，规范产生程序，严肃选举纪律，整体工作进展顺利。这次选出的代表是全省各地区、各部门、各单位共产党员中"四个意识"强，公道正派，清正廉洁，敢于担当，勤奋敬业，密切联系群众、有较强议事能力的优秀分子，具有较强的先进性和广泛的代表性。

报告说，代表资格审查委员会认为，全省 28 个选举单位选出的 714 名代表，均符合党章有关规定和省委关于省第十二次党代表大会代表选举工作的具体要求，符合代表条件，代表资格有效。

（摘编自《黑龙江日报》2017 年 4 月 29 日，作者：曹忠义等）

"君子检身，常若有过"

"君子检身，常若有过。"

在十九届中央政治局的一次集体学习中，习近平总书记以这一典故勉励大家坚持问题导向，检视发现自身不足，做到知耻而后勇。回顾"不忘初心、牢记使命"主题教育，广大党员、干部对照党中央决策部署，对照党章党规，对照人民群众新期待，对照先进典型、身边榜样，找差距、摆问题，坚定了对马克思主义的信仰、对中国特色社会主义的信念，公正用权、依法用权、廉洁用权的自觉性明显增强。不忘初心、牢记使命是全体党员、干部的终身课题，每个党员都要在思想政治上不断进行检视、剖析、反思，不断去杂质、除病毒、防污染。

房间要经常打扫，镜子要经常擦拭，自我检视是党性修养的必需。无论什么时候，问题总是客观存在的，这是事物的发展规律所决定的。对共产党人而言，"初心不会自然保质保鲜"，"党性不是随着党龄增长和职务提升而自然提高的"。自我检视并不是偶尔为之的应景之举，也不能简单化为一天两天的事，而应该像"吾日三省吾身"那样，成为一种时时处处的自觉，成为一种工作常态、生活方式。时常对先进性、纯洁性弱化保持自警、自省，拿出刀刃向内的勇气，以更高标准、更严要求去检视自身、完善品行，才能不断滋养初心、激励使命，增进坚毅前行的原动力。

对于一个组织或个人来说，如果不能正确对待自我革命，那么不仅新的更大的发展进步无从谈起，甚至可能陷入问题中难以自拔。学习和工作的最大敌人是自我满足，只有不断反思检身、永不自满，提升理想信念境界和思想理论水平，才可以脱离旧的自我、取得新的进步。

自律同他律，自我监督与党内监督，形成了讲党性、励初心的内外统一。对领导干部而言，既需要"从谏如流，自觉接受监督"，主动过一过"安检"，更要坚定"打铁必须自身硬"，自觉励品行、正操守、养心性。是否能够深入基层了解群众的真实诉求，而不是凭着主观意愿开展工作；是否在群众对民生质量有了更高期待时，却依然按照旧的标准想问题办事情；是否工作上取得一定成绩以后，便不再向更高水平看齐……党员干部必须经常给自己来一场思想政治体检，同党中央要求"对标"，拿党章党规"扫描"，用人民群众新期待"透视"，同先辈先烈、先进典型"对照"，不断叩问初心、守护初心，不断坚守使命、担当使命，始终做到初心如磐、使命在肩。

（摘编自《人民日报》2020年1月20日，作者：尉承栋）

在不断自我革命中检视初心

习近平总书记指出：党的初心和使命是党的性质宗旨、理想信念、奋斗目标的集中体现，越是长期执政，越不能丢掉马克思主义执政党的本色，越不能忘记党的初心使命，越不能丧失自我革命精神。

在检视理想信念中锤炼政治忠诚

党员干部要像习近平总书记要求的那样做政治上的明白人，首先理论上得清醒，理论上的成熟是干部政治上成熟的标志。理论上清不清醒，关系到党员的理想信念是否坚定，关系到党的路线方针政策的执行是否正确。只有更加注重理论学习，坚定理想信念，才能在风险和挑战中保持清醒头脑，不为乱花迷眼，不被浮云遮眼。一方面，理论学习要温故知新。既要长期坚持学，又要反反复复学。另一方面，理论学习要"两头"跟进。既要学前头,也要学源头。前头就是前沿理论,即马克思主义创新理论,当前这一理论就是习近平新时代中国特色社会主义思想。只有学好前沿理论,才能明确前进的方向。源头理论是反映马克思主义的基本立场观点和方法的论述,搞清楚了源头,才能不被那些断章取义、似是而非的观点所误导和迷惑。只有把前沿理论和源头理论二者结合起来加强学习,才能不断强化政治忠诚,真正坚定"四个自信",增强"四个意识",做到"两个维护"。

在遵守党章党规中弘扬优良作风

党员干部纯党性、正初心,就需要把对党章党规的遵守,包括对党在长期实践中形成的优良传统的遵守融入生活实践中、体现在工作作风上。要有勤勉为民的公仆之风。党章规定,我们党的宗旨是为人民服务。践行党的宗旨,就要求我们党员干部坚持以人民为中心的发展思想,坚持民之所好好之、民之所恶恶之。做到民有所呼,我有所应。戒除庸懒散、杜绝贪骄奢,以夙夜在公的勤勉、临深履薄的谨慎和枝叶关情的敏锐努力践行党的宗旨。要有摒弃私欲的克己之风。党员干部以自我革命的精神检视自己的初心,就必须去除私欲,正确看待人情,正确看待自己和组织,重视家风家教,在管好自己的同时,既管好家里人,也管好身边人。要有常思己过的内省之风。自觉对照党章和各项党规党纪,对照党的理论和路线方针政策,以"君子检身,常若有过"的态度来发现自身的问题与不足,不掩饰缺点、不回避问题、不文过饰非。以永不自满、永不懈怠的精神不断推进自我净化、自我完善、自我革新、自我提高。

在对照先辈先进中强化担当精神

近代以来,为拯救中华民族于水深火热之中,多少仁人志士以"捐躯赴国难,视死忽如归"的气节,舍生取义、勇赴国难。尤其是中国共产党成立以来,无数革命先烈先辈和先进人物,为中国革命的胜利和社会主义建设,殚精竭虑、发奋作为。可以说,一部中国共产党党史就是无数先辈先进为国为民、勇于担当的历史。在中国特色社会主义进入新时代的今天,我们检视初心、守护初心,尤其需要对照先辈先进找差距、补短板,在大是大非面前敢于亮剑,在矛盾冲突面前敢于迎难而上,在危机困难面前敢于挺身而出,在歪风邪气面前敢于坚决斗争。特别是在生态环境保护、城乡发展规划、经济结构转型、推进改革创新等实践中,面对各种得失成败、荣辱进退等利益冲突时,尤其需要党员干部对照先辈先进,既坚决贯彻全面从严治党各项要求,又敢于担当主动作为,不充"老好人"、不做"泥菩萨"、不当"二传手",以"功成不必在我、功成必定有我"的精神扎实推进各项工作。

(摘编自《中国纪检监察报》2019年11月14日,作者:郭顺才)

第三章　委员会委员的产生

新条例的第三章是委员会委员的产生，共5条，即第十六条至第二十条。本章对委员提名、候补委员比例、差额比例、产生程序、选举要求等作出规定。此次修订，一是突出党组织的领导和把关作用，新增"坚持信念坚定、为民服务、勤政务实、敢于担当、清正廉洁的新时期好干部标准"和"以德为先、任人唯贤"的规定。二是优化党的地方各级委员会委员、候补委员和纪律检查委员会委员产生的程序。

一、委员、候补委员和纪委委员候选人的提名

【新条例】第十六条　党的地方各级委员会委员、候补委员和纪律检查委员会委员候选人的提名，必须贯彻干部队伍革命化、年轻化、知识化、专业化方针，坚持信念坚定、为民服务、勤政务实、敢于担当、清正廉洁的新时期好干部标准，坚持德才兼备、以德为先、任人唯贤的原则和结构合理的要求。

【原条例】第十五条　党的地方各级委员会委员、候补委员和纪律检查委员会委员候选人的提名，必须贯彻干部队伍革命

化、年轻化、知识化、专业化方针,坚持德才兼备的原则和结构合理的要求。

本条是关于党的地方各级委员会委员、候补委员和纪律检查委员会委员候选人提名的规定。

此次修订,在提名中新增了"坚持信念坚定、为民服务、勤政务实、敢于担当、清正廉洁的新时期好干部标准"和"以德为先、任人唯贤"的原则。根据本条的规定,党的地方各级委员会委员、候补委员和纪律检查委员会委员候选人的提名,一是要贯彻干部队伍革命化、年轻化、知识化、专业化方针,二是要坚持信念坚定、为民服务、勤政务实、敢于担当、清正廉洁的新时期好干部标准,三是要坚持德才兼备、以德为先、任人唯贤的原则,四是要结构合理。这些新的要求,吸收了《党政领导干部选拔任用工作条例》中选拔任用党政领导干部的相关规定。

第一,关于干部队伍革命化、年轻化、知识化、专业化方针。1980年8月,邓小平在中共中央政治局扩大会议上提出:选干部,要注意德才兼备。"所谓德,最主要的,就是坚持社会主义道路和党的领导。在这个前提下,干部队伍要年轻化、知识化、专业化,并且要把对于这种干部的提拔使用制度化。"[①]同年12月,邓小平在中共中央工作会议上又指出:"要在坚持社会主义道路的前提下,使我们的干部队伍年轻化、知识化、专业

[①]《邓小平文选》第二卷,人民出版社1994年版,第326页。

党的地方各级委员会委员、候补委员和纪律检查委员会委员候选人的提名要求

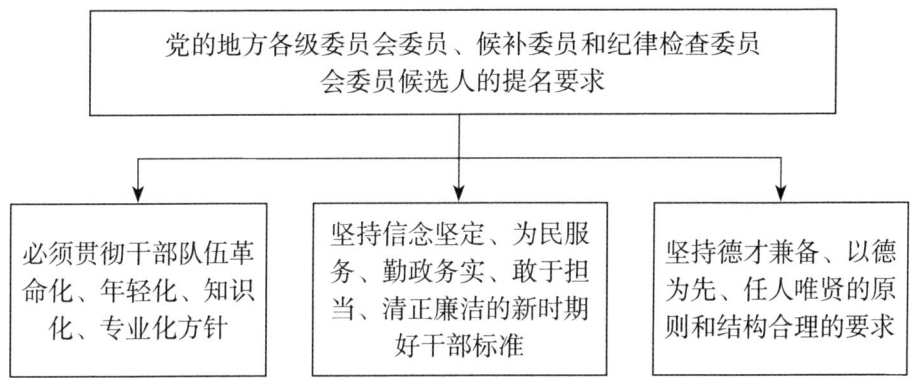

化，并且要逐步制定完善的干部制度来加以保证。提出年轻化、知识化、专业化这三个条件，当然首先是要革命化，所以说要以坚持社会主义道路为前提。"①1982 年，党的十二大正式把"努力实现干部队伍的革命化、年轻化、知识化、专业化"写入党章。1995 年 2 月 9 日，中共中央印发的《党政领导干部选拔任用工作暂行条例》，在第一条明确提出"推进干部队伍的革命化、年轻化、知识化、专业化"。此后，历次修订的《党政领导干部选拔任用工作条例》都坚持干部队伍革命化、年轻化、知识化、专业化的方针。此次对条例的修订，重申必须贯彻干部队伍革命化、年轻化、知识化、专业化方针。

第二，关于信念坚定、为民服务、勤政务实、敢于担当、清正廉洁的新时期好干部标准。政治路线确定之后，干部就是决定因素。2013 年 6 月 28 日，习近平总书记在全国组织工作会

---

① 《邓小平文选》第二卷，人民出版社 1994 年版，第 361 页。

议上专门对着力培养选拔党和人民需要的好干部作出深刻论述，旗帜鲜明地提出新时期好干部标准。之后，他又进一步提出了"三严三实"、忠诚干净担当、"四有"、"四个铁一般"、"五个过硬"等要求。新时期好干部标准的提出并不断细化、实化、具体化，不仅为组织选人提供了遵循，也为组织培养人明确了重点，更为干部自身成长指明了方向。十九大党章第三十六条把"必须信念坚定、为民服务、勤政务实、敢于担当、清正廉洁"作为党的各级领导干部必须具备的基本条件。2018年12月29日，第十三届全国人民代表大会常务委员会第七次会议修订通过了《中华人民共和国公务员法》，并于2019年6月1日起施行。修订后的《中华人民共和国公务员法》，明确将"建设信念坚定、为民服务、勤政务实、敢于担当、清正廉洁的高素质专业化公务员队伍"作为公务员队伍建设的目标。此次对条例的修订，新增了"坚持信念坚定、为民服务、勤政务实、敢于担当、清正廉洁的新时期好干部标准"的内容。

第三，关于德才兼备、以德为先、任人唯贤的原则。党的十八大以来，习近平总书记多次强调选拔任用干部要"坚持德才兼备、以德为先"和"五湖四海、任人唯贤"。在2018年全国组织工作会议上，习近平总书记首次提出了新时代党的组织路线。2019年中共中央再次修订的《党政领导干部选拔任用工作条例》，重申"德才兼备、以德为先"和"五湖四海、任人唯贤"。此次对条例的修订，直接采用了新时代党的组织路线中的提法，新增了"以德为先、任人唯贤"的要求。

延伸阅读

干部选拔重在严把德才标准

严把德才标准是全面从严治党原则在干部工作中的具体体现,是建设高素质干部队伍的内在要求,更是干部选拔任用的重要原则和基本遵循。我们要认真学习领会,坚决贯彻执行。

要强化各级领导干部的严把意识。党管干部是根本原则,由于各级领导干部处在落实党管干部原则的关键位置,对于能否将严把德才标准的要求落到实处发挥着至关重要的影响。因此,强调严把德才标准,首先要强化各级领导干部特别是主要领导干部的严把意识,坚持严字当头,把德才兼备的好干部选出来用起来。严把德才标准体现领导干部的党性修养,检验领导干部是否秉公用权、公平选人。严把德才标准体现领导干部的格局胸怀,检验领导干部是否拓宽视野选干部、不拘一格用人才。严把德才标准更体现领导干部的能力素质,选人用人是领导干部的重要工作和基本能力,不善于选贤任能的领导不能说是称职的领导。每个领导干部都应该站在党和国家事业继往开来的高度看待干部选拔任用工作,坚决贯彻新时代党的组织路线,严把德才标准,着力为建设事业发展需要的高素质专业化干部队伍作出新的更大贡献。

要明确严把德才标准的标准要求。德才兼备既是原则要求，也有具体体现，应结合实际探索研究，建立必要的考核评价体系，并严格遵照执行。干部工作政治性政策性强，能够量化的应尽量量化，量化不了的也要有负面清单，增强德才标准的刚性约束，体现公平公正原则。考察干部的德，首要的是政治品德，把好政治关，提拔重用牢固树立"四个意识"、坚定"四个自信"，坚决做到"两个维护"，全面贯彻执行党的理论和路线方针政策的优秀干部。政治不合格的，必须一票否决。还要考察职业道德、社会公德和家庭美德，把好修养关，后者往往更加具体鲜活，更加易于考察掌握。考察干部的才，既要重视学历要求，更要重视实践考验。坚持以德为先，就是要加大德的考核力度和权重，德不配位的干部再有才也坚决不用。

要完善严把德才标准的制度设计。要把严把德才标准的要求纳入干部选拔、培养、管理、监督全过程，增强制度的科学性、严肃性和执行力。要从制度设计上规避个别领导赏识但群众认可度不高的干部最终被选拔任用，严防干部带病上岗、带病提拔，污染政治生态。

（摘编自《学习时报》2018年12月11日，作者：王芳）

第四，关于结构合理。2019年3月中共中央修订的《党政领导干部选拔任用工作条例》对于地方领导班子换届民主推荐，特别强调"人选条件、岗位要求、班子结构"。什么样的班子才算结构合理呢？这就是该条例第三条规定的："选拔任用党政领导干部，必须把政治标准放在首位，符合将领导班子建设成为坚持党的基本理论、基本路线、基本方略，全心全意为人民服务，具有推进新时代中国特色社会主义事业发展的能力，结构合理、团结坚强的领导集体的要求。"2019年12月，中共中央办公厅印发的《2019—2023年全国党政领导班子建设规划纲要》提出，要"适应时代发展需要配强领导班子，不断提升能力素质，持续改进作风，激励担当作为，努力锻造忠实践行习近平新时代中国特色社会主义思想的坚强领导集体"[①]。这个纲要，对优化领导班子配备、增强整体功能提出了5方面要求：一是选优配强党政正职；二是优化年龄结构；三是改善专业结构；四是完善来源、经历结构；五是合理配备女干部、少数民族干部和党外干部，加强日常培养、战略培养。这些要求，是班子结构是否合理的重要判断标准。《中国共产党地方委员会工作条例》第七条第一款规定："党的地方委员会委员、候补委员配备应当具有代表性，符合党龄、年龄、性别、专业等方面要求。人选应当包括书记、副书记和常委会其他委员，一般还应当包括同级政府领导班子成员，同级人大常委会、政协、法院、检察院主要负责人，同级党委和政府有关部门主要负责人，同级工会、共青团、妇联主要负责人，下一级党委和政府主要负责人，以及适当比例的基层党员。"

[①]《中共中央办公厅印发2019—2023年全国党政领导班子建设规划纲要》，《人民日报》2019年12月5日。

【重点难点提示】

　　党章对党的省、自治区、直辖市、设区的市和自治州的委员会的委员和候补委员，以及党的县（旗）、自治县、不设区的市和市辖区的委员会的委员和候补委员，都明确了党龄的要求。党章第二十七条规定，党的省、自治区、直辖市、设区的市和自治州的委员会的委员和候补委员，必须有5年以上的党龄；党的县（旗）、自治县、不设区的市和市辖区的委员会的委员和候补委员，必须有3年以上的党龄。

二、候补委员比例

　　【新条例】第十七条　党的地方各级委员会候补委员人数，一般不少于委员、候补委员总数的15%。

　　【原条例】第十六条　党的地方各级委员会候补委员人数，一般不少于委员、候补委员总数的百分之十五。

　　本条是关于党的地方各级委员会候补委员人数的规定。此次修订，未作修改。

　　根据本条的规定，党的地方各级委员会候补委员人数，一般不少于委员、候补委员总数的15%。

　　1985年2月1日中共中央组织部印发的《关于党的地方各级代表大会若干具体问题的暂行规定》明确规定，省、自治区、直辖市党委的候补委员一般占委员和候补委员总数的20%左右；

州、市、县、省辖市的区党委的候补委员一般占委员和候补委员总数的15%左右。1994年1月26日中共中央发布的《中国共产党地方组织选举工作条例》，不再区分省、自治区、直辖市党委和州、市、县、省辖市的区党委，将党的地方各级委员会候补委员人数，统一规定为一般不少于委员、候补委员总数的15%。此次对条例的修订，重申了这一规定。

根据本条的规定，党的地方各级委员会候补委员人数，一般不少于委员、候补委员总数的15%。值得注意的是，一般不少于15%，意味着可以等于15%，也可以多于15%。

三、委员、候补委员和纪委委员候选人的差额比例

【新条例】第十八条　党的地方各级委员会委员、候补委员和纪律检查委员会委员候选人的差额比例，不少于10%。

【原条例】第十七条　党的地方各级委员会委员、候补委员和纪律检查委员会委员候选人的差额比例，不少于百分之十。

本条是关于党的地方各级委员会委员、候补委员和纪律检查委员会委员候选人的差额比例的规定。

1988年3月26日，中共中央组织部印发的《关于党的省、自治区、直辖市代表大会实行差额选举的暂行办法》规定，党的省、自治区、直辖市代表大会的代表，委员会的委员、候补委员和常务委员会委员，纪律检查委员会的委员、常务委员实行差额选举。党的省、自治区、直辖市委员会委员、候补委

员，纪律检查委员会委员候选人的差额不少于应选名额的10%。1994年1月26日中共中央发布的《中国共产党地方组织选举工作条例》，不再区分省、自治区、直辖市党委，将党的地方各级委员会委员、候补委员和纪律检查委员会委员候选人的差额比例，统一规定为不少于10%。此次对条例的修订，重申了这一规定。

根据本条的规定，党的地方各级委员会委员、候补委员和纪律检查委员会委员候选人的差额比例，不少于10%。需要注意的是，不少于10%，意味着可以等于10%，也可以多于10%。

四、委员、候补委员和纪委委员的产生程序

【新条例】第十九条　党的地方各级委员会委员、候补委员和纪律检查委员会委员产生的程序是：

（一）党的委员会全体会议确定下届委员会、纪律检查委员会组成的原则；

（二）常务委员会按照干部选拔任用等有关规定，组织酝酿和推荐，在广泛听取意见的基础上，提出候选人初步人选；

（三）党的委员会组建考察组对候选人初步人选进行考察，突出政治标准，强化政治素质考察，严格审核把关；

（四）常务委员会根据考察情况确定候选人预备人选，报上一级党的委员会审批；

（五）大会主席团审议候选人预备人选，提请各代表团充分酝酿，根据多数选举人的意见确定候选人，由大会进行选举。

【原条例】第十八条 党的地方各级委员会委员、候补委员和纪律检查委员会委员产生的程序：

（一）党的委员会全体会议确定下届委员会、纪律检查委员会组成的原则；

（二）常务委员会负责组织同级党政机关、群众组织和下一级党政机关中的党员领导干部酝酿推荐，在广泛听取意见的基础上，提出候选人初步人选；

（三）党委组织部对初步人选进行考察；

（四）常务委员会根据考察情况确定候选人预备人选，报上级党的委员会审批；

（五）大会主席团审议候选人预备人选，提请各代表团充分酝酿，根据多数选举人的意见确定候选人，由大会进行选举。

本条是党的地方各级委员会委员、候补委员和纪律检查委员会委员产生程序的规定。

根据本条的规定，党的地方各级委员会委员、候补委员和纪律检查委员会委员产生程序，主要包括5步。其中，第一步和第五步未作修改，第二步至第四步均作了修改。

第一步，党的委员会全体会议确定下届委员会、纪律检查委员会组成的原则。这一步未作修改，但至关重要，关系到下届委员会、纪律检查委员会组成的大方向。

第二步，常务委员会按照干部选拔任用等有关规定，组织酝酿和推荐，在广泛听取意见的基础上，提出候选人初步人选。此次修订，这一步作了较大修改。一是新增"按照干部选拔任用等有关规定",二是删除了"同级党政机关、群众组织和下一级党政机关中的党员领导干部"。这就既聚焦党的地方各级委员会委员、候补委员和纪律检查委员会委员的产生,又体现了与《党政领导干部选拔任用工作条例》相衔接。

第三步,党的委员会组建考察组对候选人初步人选进行考察,突出政治标准,强化政治素质考察,严格审核把关。此次修订,将"党委组织部对初步人选进行考察"修改为"党的委员会组建考察组对候选人初步人选进行考察",强调了党的委员会在对候选人初步人选考察中的责任。同时新增了"突出政

党的地方各级委员会委员、候补委员和纪律检查委员会委员产生的程序

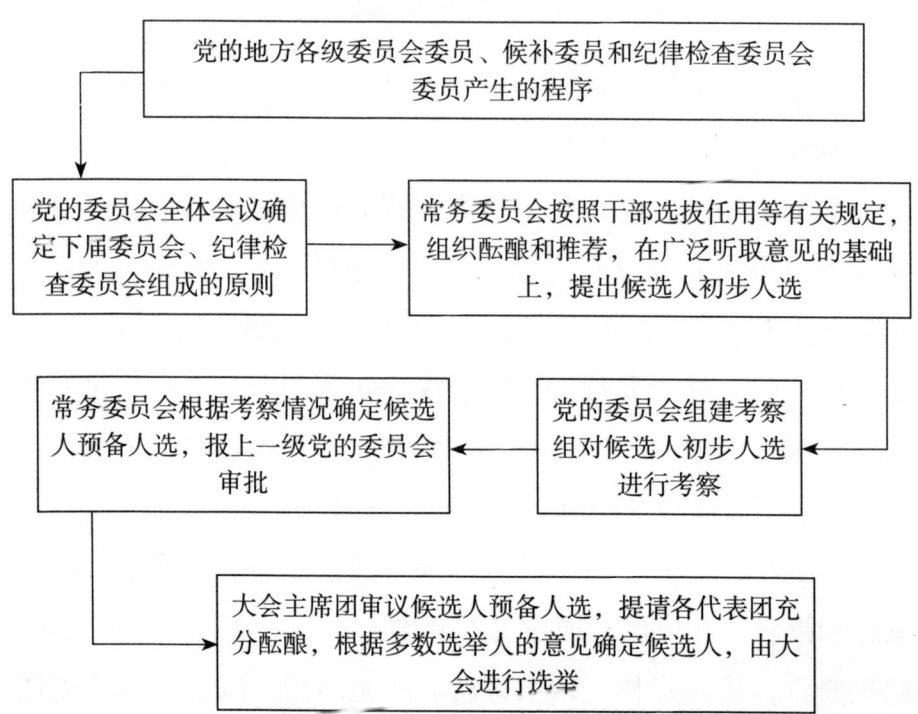

治标准，强化政治素质考察，严格审核把关"的要求。我们党是具有崇高政治理想、政治追求、政治品质和严明政治纪律的马克思主义政党，历来把政治标准作为选人用人的首要标准。习近平总书记多次强调，要坚持好干部标准，把政治标准放在第一位。《党政领导干部选拔任用工作条例》第二十四条规定了7种不得列为考察对象的情形，排在第一位的就是"违反政治纪律和政治规矩的"。

第四步，常务委员会根据考察情况确定候选人预备人选，报上一级党的委员会审批。此次修订，将"报上级党的委员会审批"修改为"报上一级党的委员会审批"，这样表述更加准确。

第五步，大会主席团审议候选人预备人选，提请各代表团充分酝酿，根据多数选举人的意见确定候选人，由大会进行选举。这一步未作修改。

【声音】

中共中央组织部负责人：《党政领导干部选拔任用工作条例》进一步强化和明确了干部选拔任用的政治标准和政治要求。比如，明确"选拔任用党政领导干部，必须把政治标准放在首位"；在基本条件中增加自觉坚持以习近平新时代中国特色社会主义思想为指导、牢固树立"四个意识"、坚定"四个自信"、坚决做到"两个维护"等要求；增加"违反政治纪律和政治规矩的"不得列为考察对象的内容；在考察内容中增加"突出政治标准，注重了解政治理论学习情况，深入考察政治忠诚、政治定力、政治担当、政治能力、政治自律等方面的情况"等。

（摘编自《为建设高素质专业化干部队伍提供有力制度保证——中组部负责人就修订颁布〈党政领导干部选拔任用工作条例〉答记者问》，作者：盛若蔚、赵兵）

五、委员和候补委员的选举要求

【新条例】第二十条　党的地方各级委员会委员、候补委员一般应当分别选举，先选举委员，再选举候补委员。委员候选人落选后，可以作为候补委员候选人。也可以实行委员、候补委员一并选举，在获得赞成票超过应到会人数半数的候选人中，按照得票多少，先取足委员，再取足候补委员。

【原条例】第十九条　党的地方各级委员会委员、候补委员一般应分别选举，先选举委员，再选举候补委员。委员候选人落选后，可以作候补委员候选人。也可以实行委员、候补委员一并选举，在获得赞成票超过半数的候选人中，依得票多少，先取足委员，再取足候补委员。

本条是关于党的地方各级委员会委员、候补委员选举的规定。

根据本条的规定，党的地方各级委员会委员、候补委员的选举有两种办法。

第一种办法：一般情况下，党的地方各级委员会委员、候补委员应当分别选举。具体做法是：先选举委员，再选举候补

党的地方各级委员会委员和候补委员的选举办法

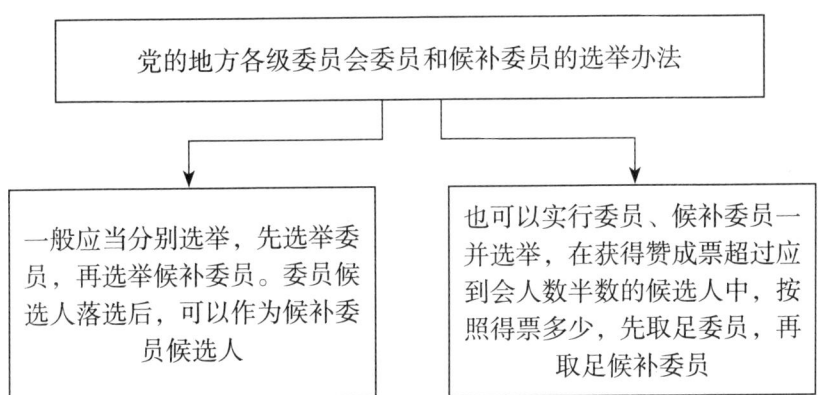

委员。如果委员候选人落选，那么落选的委员候选人可以作为候补委员候选人。这里的"一般情况下"，表明这种办法是通常采用的办法。这里的"委员候选人落选后，可以作为候补委员候选人"，意味着委员候选人落选后，可以作为候补委员候选人，也可以不作为候补委员候选人。

第二种办法：可以实行委员、候补委员一并选举，在获得赞成票超过应到会人数半数的候选人中，按照得票多少，先取足委员，再取足候补委员。此次修订，"超过半数"修改为"超过应到会人数半数"，更加准确。这种做法与上一种做法的最大区别是：委员、候补委员不是分别选举，而是一并选举。具体做法是：按照得票多少，先取足委员，再取足候补委员。

比较这两种办法后可以发现，采用分别选举办法的话，委员候选人落选后，可以作为候补委员候选人。这就意味着，落选的委员候选人，有可能会被选为候补委员。但是，采用一并选举的话，落选的委员候选人，则没有可能当作候补委员候选人，因此也就失去了被选为候补委员的机会。

新时代党的组织路线是我们党理论创新和实践创新的又一重大成果

党的十八大以来,以习近平同志为核心的党中央针对党的组织建设中存在的突出问题,坚定不移全面从严治党,在加强党的全面领导、健全党的组织体系、完善选人用人标准和工作机制、健全党内政治生活和组织生活制度等方面采取了一系列重大举措,并同强化党的理论武装、加强党的作风建设、严肃党的纪律、深入开展反腐败斗争等相协调,推动党在革命性锻造中更加坚强。在领导全面从严治党的伟大实践中,习近平总书记提出一系列重大思想、重要论断,强调"全面从严治党,核心是加强党的领导";强调"党的全面领导、党的全部工作要靠党的坚强组织体系去实现";强调着力培养选拔党和人民需要的好干部,好干部要做到信念坚定、为民服务、勤政务实、敢于担当、清正廉洁,领导干部要切实做到忠诚干净担当;强调要"广开进贤之路""聚天下英才而用之",努力建设一支矢志爱国奉献、勇于创新创造的优秀人才队伍,等等。这些重要论述,立时代之基、答时代之问,丰富和发展了党的组织建设理论,为确定新时代党的组织路线奠定了坚实基础、作出了突出贡献。

新时代呼唤新实践,新实践孕育新理论。在认真总结我们党近百年实践经验特别是党的十八大以来全面从严治党成功经验的基础上，2018年7月3日，习近平总书记在全国组织工作会议上明确提出新时代党的组织路线，这就是：全面贯彻习近平新时代中国特色社会主义思想，以组织体系建设为重点，着力培养忠诚干净担当的高素质干部，着力集聚爱国奉献的各方面优秀人才，坚持德才兼备、以德为先、任人唯贤，为坚持和加强党的全面领导、坚持和发展中国特色社会主义提供坚强组织保证。新时代党的组织路线秉承马克思主义建党原则，科学总结和体现我们党理论创新和实践创新的丰硕成果，具有重大开创性意义和贡献。一是在党的历史上首次对党的组织路线作出完整表述并明确了它的科学内涵，有利于全党准确理解掌握，并遵循这条路线前进。二是实现了组织建设各要素的有机集成，把组织体系、干部队伍、人才队伍建设等关键内容都纳入其中，构成了一个要素完备、内在统一的整体，有利于指导全党系统推进组织建设，全面提高组织建设效能。三是从顶层设计上完善了党的路线体系，使我们党四个方面带有根本性的路线，即思想路线、政治路线、组织路线、群众路线，变得完整起来，为加强新时代党的建设提供了更强大的武器，有利于更好地发挥党的思想优势、政治优势、组织优势、密切联系群众优势等核心优势，进一步从组织上把党巩固好、建设强，把党员、干部和各方面人才有效组织起来，把广大人民群众广泛凝聚起来，形成为夺取新时代中国特色社会主义新胜利而团结奋斗的强大力量。党的十八大以来的实践证明，新时代党的组织路线是符合实际、完全正确的，为加强党的组织建设提供了科学遵循,为增强党的创造力、凝聚力、战斗力提供了重要保证。

(摘编自《求是》2020年第15期,原标题为《深入学习贯彻习近平总书记重要讲话精神　坚定不移贯彻落实新时代党的组织路线》,作者:仲祖文)

组织制度是新时代党的组织路线贯彻落实的必然保障

每个政党都要依据一定的原则和制度,采取特定的形式把它的成员组织起来,维护党内秩序并保证组织活动有效开展,以实现它的历史使命和各个时期的任务。我们党是按照马克思主义建党原则建立起来的政党,始终坚持民主集中制为根本组织制度和领导制度,始终高度重视并不断完善党的组织制度建设。早在党的一大党纲中就对组织设置与组织运行专门进行规定,党的二大除了在我们党第一部党章明确规定党籍制度、组织构建、会议办法,同时通过的《关于共产党的组织章程决议案》专门规定了党的组织七项重大原则,此后在长期的革命、建设和改革时期逐渐形成了党的科学组织制度和不断推进党的各项事业顺利发展。

党的组织制度体现了政党的组织原则,直接决定党的组织形态,为按照新时代组织路线建立组织、规范组织、发展组织、提高组织力提供制度保障。党的组织制度的重要性从现行党章的内容就可见一斑。党章第二章专章规定了党的组织制度,主要包括党的民主集中制、党的代表大会制度、党的组织生活制度、党的选举制度和巡视制度等;党章中的中央组织、地方组织、基层组织、党的纪律检查机关、党组是直接以党的组织建设为内容的章节；总纲和党员、领导干部、纪律部分也有从不同角度、在不同方面涉及党的组织建设的制度安排。当然，党章中关于组织制度的要求具有高度的概括性，必须通过党内法规制度加以具体化、规范化、程序化。党的十八大以来，以习近平同志为核心的党中央针对党的组织建设中存在的突出问题，不断深化党的伟大自我革命，在加强党的全面领导、健全党的组织体系、完善选人用人标准和工作机制、健全党内政治生活和组织生活制度等方面采取了一系列重大举措，制定和修订了一大批党内法规，推动了党的组织制度的不断完善。

坚定维护党中央权威和集中统一领导，重点在于健全维护党的集中统一的组织制度。党的组织制度建设坚持民主集中制这一根本组织原则，党的十九届四中全会把健全维护党的集中统一的组织制度作为坚持和完善党的领导制度体系的重要内容，纳入国家制度和国家治理体系之中。健全维护党的集中统一的组织制度是贯彻落实党的民主集中制的根本要求，民主集中制的首要原则是"四个服从"，在"四个服从"中，最为关键的是全党服从中央，党的各级组织和全体党员都要不折不扣自觉在思想上政治上行动上同以习近平同志为核心的党中央保持高度一致。健全维护党的集中统一的组织制度，才能更好凝聚全党智慧、汇集全党力量，不断增强党的政治领导力、思想引领力、群众组织力、社会号召力。

（摘编自《中国青年报》2020年7月20日，原标题为《贯彻落实新时代党的组织路线》，作者：吕品）

第四章　常务委员会委员和书记、副书记的产生

新条例的第四章是常务委员会委员和书记、副书记的产生，共3条，即第二十一条至第二十三条。本章明确了常务委员会委员差额人数，规范了常务委员会委员和书记、副书记产生程序，纪律检查委员会常务委员会委员和书记、副书记的当选要求等。此次修订，只是对第二十三条的个别表述作了调整。这一章内容不多，只对常务委员会委员和书记、副书记的产生作了规定，但极为重要，它关系到地方各级党委领导班子的建设质量。中共中央组织部负责人就印发《2019—2023年全国党政领导班子建设规划纲要》答记者问时指出："领导班子是一个地方、一个单位落实党中央决策部署、推动各项工作的'指挥部'、'战斗部'，建设好领导班子是夯实党执政组织基础的关键，也是抓好改革发展稳定各项工作的关键。"[1]因此，新条例将常务委员会委员和书记、副书记的产生与委员会委员的产生分开，各单列一章作出规定。这与《中国共产党基层组织选举工作条例》的规定是不同的。

---

[1]《努力锻造忠实践行习近平新时代中国特色社会主义思想的坚强领导集体——中央组织部负责人就印发〈2019—2023年全国党政领导班子建设规划纲要〉答记者问》，《人民日报》2019年12月5日。

一、常务委员会委员候选人数的差额

【新条例】第二十一条　党的地方各级委员会和纪律检查委员会常务委员会委员候选人数,应当分别多于应选人数1至2人。

【原条例】第二十条　党的地方各级委员会和纪律检查委员会常务委员会委员候选人数,应分别多于应选人数一至二人。

本条是关于常务委员会委员候选人数差额的规定。此次修订,只是将"应"修改为"应当",其他未作修改。

党的十三大第一次在中央委员会和中央纪律检查委员会候选人预选中实行了差额选举。党的十三大报告强调:"要改革和完善党内选举制度,明确规定党内选举的提名程序和差额选举办法。近期,应当把差额选举的范围首先扩大到各级党代会代表,基层党组织委员、书记,地方各级党委委员、常委和中央委员会委员。"[①]

1988年3月26日中共中央组织部印发的《关于党的省、自治区、直辖市代表大会实行差额选举的暂行办法》明确规定,党的省、自治区、直辖市代表大会的常务委员会委员,纪律检查委员会的常务委员实行差额选举,具体的差额要求是"常务委员会委员候选人的名额要比应选名额多1至2人"。

[①]《中国共产党第十三次全国代表大会文件汇编》,人民出版社1987年版,第63页。

1994年1月26日中共中央发布的《中国共产党地方组织选举工作条例》将"党的省、自治区、直辖市代表大会的常务委员会委员，纪律检查委员会的常务委员实行差额选举"的做法，扩大到党的地方各级委员会和纪律检查委员会常务委员会委员的选举。

根据本条的规定，党的地方各级委员会和纪律检查委员会常务委员会委员候选人数，应当分别多于应选人数1至2人。

【重点难点提示】

> 党的地方各级委员会和纪律检查委员会常务委员会，是党的地方各级委员会和纪律检查委员会的常设机构。党的地方各级委员会和纪律检查委员会常务委员会中的委员，首先是委员。因此，常务委员会中委员的产生，是在委员的基础上选举产生的。

与本条密切相关的是常务委员会委员的配备。根据1985年2月1日中共中央组织部印发的《关于党的地方各级代表大会若干具体问题的暂行规定》，省、自治区、直辖市党委常委，一般为11人，党员和所辖党组织较少的9人，党员和所辖党组织较多的13人，个别省、市不超过15人。自治州党委常委，一般为7至11人。省辖市党委常委，一般为7至11人，党员和所辖党组织较多的13人。直辖市的区党委常委，一般为7至11人。县（旗、市）、自治县、省辖市的区委常委，一般为7至9人，党员和所辖党组织较多的11人。自2015年12月25日起施行的《中国共产党地方委员会工作条例》第八条第一款明确规定："常委会委员配备，由上级党委根据工作需要，按照有利于贯彻执行民主集中制、提高议事决策水平的原则决定。常委会委员名额，省级为11至13人，市、县两级为9至11人，个别地方需要适当增减的，由党中央决定或者省级党委根据中央精神审批。"常务委员会委员名额的规定，既结合了以往的要求，又考虑到了当时的实际情况，有助于党委贯彻执行民主集中制、提高议事决策水平。

【声音】

张希贤〔中共中央党校（国家行政学院）党建部教授〕：常委会委员名额此前并未有硬性规定，地方党委一般按照惯例作出安排。《中国共产党地方委员会工作条例》的一大亮点在于，以党内法规的形式"定编确责"，明确了常委会委员配备的原则，常委会是党的地方委员会的核心决策层，是"关键少数"，明确常委会委员配备的原则，有利于"关键少数"更好地发挥作用。

（摘编自《地方党委常委"确编"：省级11至13人》，《新京报》2016年1月5日，作者：王姝）

二、常务委员会委员和书记、副书记产生的程序

【新条例】第二十二条　党的地方各级委员会和纪律检查委员会常务委员会委员和书记、副书记产生的程序是：

（一）常务委员会提出候选人预备人选，报上一级党的委员会审批；

（二）新选举产生的党的委员会和纪律检查委员会分别召开全体会议，对候选人预备人选进行充分酝酿，根据多数委员的意见确定候选人；

（三）党的委员会和纪律检查委员会全体会议进行选举时，先选举常务委员会委员，再选举书记、副书记。

【原条例】第二十一条　党的地方各级委员会和纪律检查委员会常务委员会委员和书记、副书记产生的程序：

（一）常务委员会提出候选人预备人选，报上级党的委员会审批；

（二）新选举产生的党的委员会和纪律检查委员会分别召开全体会议，对候选人预备人选进行充分酝酿，根据多数委员的意见确定候选人；

（三）党的委员会和纪律检查委员会全体会议进行选举时，先选举常务委员会委员，再选举书记、副书记。

本条是关于党的地方各级委员会和纪律检查委员会常务委员会委员和书记、副书记产生程序的规定。

此次修订，对常务委员会提出候选人预备人选报批，将"上级党的委员会审批"修改为"上一级党的委员会审批"，这样表述更加明确。

根据本条的规定，党的地方各级委员会和纪律检查委员会常务委员会委员和书记、副书记产生的程序，可以细化为五步。

党的地方各级委员会和纪律检查委员会常务委员会委员和书记、副书记产生的程序

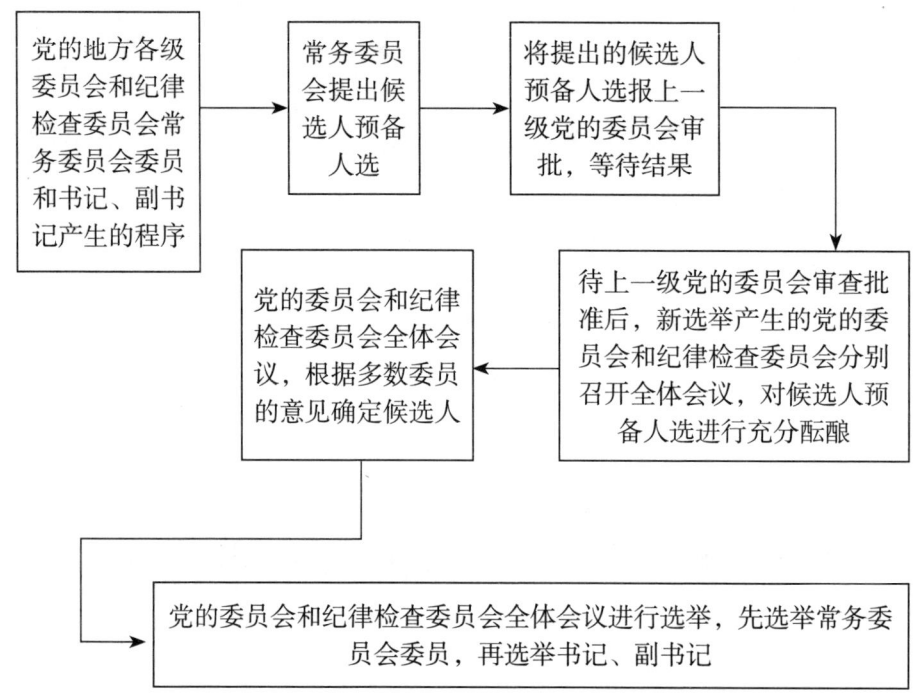

第一步,由常务委员会提出候选人预备人选;

第二步,将提出的候选人预备人选报上一级党的委员会审批,等待结果;

第三步,待上一级党的委员会审查批准后,新选举产生的党的委员会和纪律检查委员会分别召开全体会议,对候选人预备人选进行充分酝酿;

第四步,党的委员会和纪律检查委员会全体会议,根据多数委员的意见确定候选人;

第五步，党的委员会和纪律检查委员会全体会议进行选举，先选举常务委员会委员，再选举书记、副书记。

与此条内容密切相关的是书记、副书记的配备。根据1985年2月1日中共中央组织部印发的《关于党的地方各级代表大会若干具体问题的暂行规定》，省、自治区、直辖市党委副书记一般为4人，党员和所辖党组织较少的3人，党员和所辖党组织较多的5人；自治州党委副书记2至3人；省辖市党委副书记2至4人；直辖市的区党委副书记2至3人；县（旗、市）、自治县、省辖市的区委副书记2至3人。2004年党的十六届四中全会通过的《中共中央关于加强党的执政能力建设的决定》提出，要"减少地方党委副书记职数，实行常委分工负责"。此后，借着2006年至2007年集中换届的契机，地方各级党委按照中央关于领导班子配备改革要求，实行常委分工负责制度，大幅减少副书记的职数，大部分地区实行了"一正两副"模式，即1名党委书记，2名党委副书记，其中一人兼任政府正职，另一人为专职副书记。但在实践中，也有个别民族自治地方因工作需要仍保留3至4名副书记。在总结实践经验的基础上，自2015年12月25日起施行的《中国共产党地方委员会工作条例》第八条第二款明确规定："党的地方委员会设书记1名、副书记2名，个别民族自治地方需要适当增加副书记职数的，由党中央决定或者省级党委根据中央精神审批。"因此，新条例第四十七条规定，民族自治地方党组织执行本条例需要采取某些变通办法的，应当报上级党组织批准。

延伸阅读
YANSHENYUEDU

进一步加强各级党政领导班子建设

领导班子是一个地方、一个单位落实党中央决策部署、推动各项工作的"指挥部""战斗部",建设好领导班子是夯实党执政组织基础的关键,也是抓好改革发展稳定各项工作的关键。

习近平总书记强调:"要坚持以党的政治建设为统领,坚决维护党中央权威和集中统一领导。"党的政治建设是党的根本性建设,是党政领导班子建设的灵魂。中共中央办公厅印发的《2019—2023年全国党政领导班子建设规划纲要》旗帜鲜明提出要把党的政治建设摆在首位。从"完善党中央重大决策部署和习近平总书记重要指示批示贯彻落实的督查问责机制",到"实施'一把手'政治能力提升计划",再到"实施'习近平新时代中国特色社会主义思想教育培训计划'",该规划纲要针对存在的问题提出具体措施,就是要赋予党的政治建设以现实载体,推动领导班子政治建设落地见效。

好班子是"配"出来的,更是"练"出来的。领导班子的结构,直接关系到班子整体功能的发挥。选优配强党政正职,优化年龄结构,改善专业结构,完善来源、经历结构,合理配备女干部、少数民族干部和党外干部……适应新时代坚持和发展中国特色社会主义对领导班子结构和功能提出的新的更高要求,该规划纲要把优化年龄、专业、来源和经历结构放在重要位置,大力发现培养选拔优秀年轻干部,打破地域概念、部门界限,使领导班子形成梯次配备、搭配合理、上下贯通、优势互补的结构。

好班子既要管住,又要用活。党的十九大报告提出"坚持严管和厚爱结合、激励和约束并重",既管住干部乱作为的手脚,又放开干部干事创业的手脚,推动领导班子呈现新气象新干劲新活力。为此,该规划纲要提出有针对性的政策举措,无论是提出"加强对'一把手'的监督",还是强调"把'三个区分开来'的要求具体化",抑或是强调"以组织对干部的担当推动干部对事业的担当",都是为了划定行为边界、形成正向激励,推动领导班子呈现新气象新担当新作为。

(摘编自《人民日报》2019年12月13日,作者:谭彦德)

三、纪律检查委员会常务委员会委员和书记、副书记的当选要求

【新条例】第二十三条　党的地方各级纪律检查委员会全体会议选举产生的常务委员会委员和书记、副书记,需经同级党的委员会全体会议通过。

【原条例】第二十二条　党的纪律检查委员会选举产生的常

务委员会委员和书记、副书记，需经同级党的委员会全体会议通过。

本条是关于党的地方各级纪律检查委员会全体会议选举产生的常务委员会委员和书记、副书记当选要求的规定。

党的十一届三中全会决定成立并选举产生了中央纪律检查委员会，共由100名委员组成。十二大党章增设"党的纪律检查机关"专章。其中，第四十三条第三款规定："党的地方各级纪律检查委员会全体会议，选举常务委员会和书记、副书记，并由同级党的委员会通过，报上级党的委员会批准。"[①] 此后，历次党章都沿用了这个表述。1994年中共中央发布的《中国共产党地方组织选举工作条例》，采用了十二大党章的表述。但是，将"党的地方各级纪律检查委员会全体会议"简化为"党的纪律检查委员会"。

2015年12月25日起施行的《中国共产党地方委员会工作条例》第九条规定，党的地方委员会应当通过召开全会的方式履行的职责有六项，其中第六项就是"选举书记、副书记和常委会其他委员；通过同级党的纪律检查委员会全体会议选举产生的书记、副书记和常委会其他委员"。十九大党章第四十五条第三款规定，党的地方各级纪律检查委员会全体会议，选举常务委员会和书记、副书记，并由同级党的委员会通过，报上级党的委员会批准。

---

①《中国共产党章程》，人民出版社1987年版，第33页。

此次修订，对原条例作了文字上的修改，直接采用党章的表述，即"党的地方各级纪律检查委员会全体会议选举产生的常务委员会委员和书记、副书记，需经同级党的委员会全体会议通过"。

全面提高政治能力

2021年1月22日，习近平总书记在十九届中央纪委五次全会上强调，要坚定政治方向，保持政治定力，不断提高政治判断力、政治领悟力、政治执行力。2021年是实施"十四五"规划、开启全面建设社会主义现代化国家新征程的第一年，所有工作都要围绕开好局、起好步来展开。我们要切实增强政治意识、承担政治责任、提高政治能力。

提高政治能力，必须学懂弄通做实习近平新时代中国特色社会主义思想，引导党员、干部加强党性锻炼、党性修养，坚定理想信念，百折不挠把自己的事办好。领导干部要有"朝闻道，夕死可矣"的决心和毅力，把学懂弄通做实党的创新理论作为武装头脑、指导实践、推动工作的"重要法宝"，真学真懂真信真用，使党的创新理论成为认识世界、改造世界的强大精神武器。

提高政治能力，必须对党中央精神深入学习、融会贯通，坚持用党中央精神分析形势、推动工作，在思想上政治上行动上同以习近平同志为核心的党中央保持高度一致。上下同欲者胜，以上率下者强。全党服从中央是党的政治建设的首要任务。我们党的百年历史经验表明，凡是党中央权威和集中统一领导坚持得好，党的事业就兴旺发达；反之，党的事业就遭受挫折。要紧跟深跟、学深悟透党中央精神，时刻同党中央精神对表对标，自觉承担起该承担的政治责任，提高政治站位，把准政治方向，坚定政治立场，明确政治态度，严守政治纪律，经常校正偏差，做到党中央提倡的坚决响应、党中央决定的坚决照办、党中央禁止的坚决杜绝。要健全贯彻党中央重大决策部署督查问责机制，加强对贯彻新发展理念、构建新发展格局、推动高质量发展等决策部署落实情况的监督检查，以强有力的政治监督，确保党中央重大决策部署贯彻落实到位。

提高政治能力，必须增强"四个意识"、坚定"四个自信"、做到"两个维护"。提高政治能力是历史地、具体地、实践地，不是坐而论道，不是口头革命，要一以贯之坚持党的初心和使命。增强"四个意识"、坚定"四个自信"、做到"两个维护"是我们党百年历史经验的深刻总结，是坚持党的初心和使命的集中体现。要切实从政治高度和理论深度提高政治能力，以理论自觉深化政治自觉，以理性认同巩固政治认同，以思想跟进引领行动跟进，真正把增强"四个意识"、坚定"四个自信"、做到"两个维护"作为提高政治能力的出发点和落脚点，作为安身立命之本、谋事创业之基、为政成事之要。

（摘编自《红旗文稿》2021年第2期，作者：许华卿）

提高政治判断力　做政治上的明白人

在党员干部所需的各种能力中，政治能力是第一位的。习近平总书记在十九届中央纪委五次全会上强调，全面从严治党首先要从政治上看，不断提高政治判断力、政治领悟力、政治执行力。这充分彰显了党中央推进全面从严治党的政治决心，也对党员干部政治能力提出新的更高要求。

旗帜鲜明讲政治，既是马克思主义政党的鲜明特征，也是我们党一以贯之的政治优势。提高政治能力，很重要的是善于从政治上研判形势、分析问题，自觉在党和国家工作大局下想问题、做工作。如果不从政治上认识问题、解决问题，就会使管党治党陷入头痛医头、脚痛医脚的被动局面。

政治判断力主要指各级领导干部在面对问题、开展工作时运用马克思主义立场观点方法看待问题、评估情况、预测趋势的能力和水平。政治判断力作为政治能力的重要组成部分，是辨别政治是非、把握政治主动的重要前提。在各种思想交融交锋、价值观念多元多样的当下，现实生活中一些是非问题并非"泾水清清渭水浑"，一眼就可以区分开来。如何在历史的发展潮流中区分先进与落后，如何在意识形态领域的斗争中区分正确与错误，如何在周围的党员群体中识别合格与不合格，如何在多种利益博弈的复杂格局中区分可行与不可行，如何在事物的变化过程中做到"草摇叶响知鹿过、松风一起知虎来、一叶易色而知天下秋"……这都需要党员领导干部保持清醒的头脑，拿起"以国家政治安全为大、以人民为重、以坚持和发展中国特色社会主义为本"这把铁标尺，锤炼自己科学把握形势变化、精准识别现象本质、清醒明辨行为是非、有效抵御风险挑战的能力。

党的十八大以来，以习近平同志为核心的党中央带领全国人民迎难而上、攻坚克难，在风高浪急、泰山压顶的关键时刻，一次次用非常之举应对非常之事。无论是科学应对世界经济严重衰退，还是冷静面对美国全方位遏制打压；无论是推动香港社会恢复正常秩序，还是作出我国进入新发展阶段的重大战略判断……我们打赢了一场又一场硬仗，抵御了一个又一个风险，取得了一个又一个胜利，充分彰显出党中央洞若观火的政治判断力、统揽全局的政治领导力。

"十四五"时期，我国进入新发展阶段，经济社会发展将面临更加复杂的国际形势，面临更加繁重的攻坚任务，面临更加严峻的风险挑战。越是这样，越要发挥全面从严治党引领保障作用，越需要党员干部提高政治判断力。善于准确识变、科学应变、主动求变，强化政治担当、练就政治慧眼，始终做到政治信仰不变、政治立场不移、政治方向不偏，善于从错综复杂的矛盾关系中把握政治逻辑。遇事多想政治要求，办事多想政治规矩，处事多想政治影响，在不断提高政治判断力中做政治上的明白人。

（摘编自中央纪委国家监委网站2021年2月1日，作者：辛士红）

第五章 选举的实施

会议选举是党的地方组织换届工作的重要环节。新条例的第五章是选举的实施,共15条,即第二十四条至第三十八条。本章就会议选举的组织实施作出具体规定,包括召开会议条件、候选人介绍、差额预选、当选要求、报告得票情况等。此次修订,主要作了以下修改:一是调整了本章的顺序,将"选举的实施"放到"呈报审批"之前。二是新增1条,即第三十三条关于计票的规定。三是规定委员会全体会议选举时,参加人数超过应到会人数的三分之二,方能进行选举。四是明确大会主席团的组成,大会主席团成员一般占代表人数的10%左右。五是规定报告得票情况,包括得赞成票、不赞成票、弃权票和另选他人等。

一、召开会议条件

【新条例】第二十四条 代表大会选举时,参加人数超过应到会人数的半数,方能进行选举。委员会全体会议选举时,参加人数超过应到会人数的三分之二,方能进行选举。

【原条例】第二十六条　参加选举的人数超过应到会人数的半数，方能进行选举。

本条是关于召开代表大会进行选举的条件的规定。

对代表大会选举和委员会全体会议选举的参加人数进行限定，既是会议选举有效的条件，也是充分发扬民主、尊重代表民主权利的体现。此次修订，将原条例"参加选举的人数超过应到会人数的半数，方能进行选举"的规定，分成两种情况：第一种，代表大会选举时，参加人数超过应到会人数的半数，方能进行选举。第二种，委员会全体会议选举时，参加人数超过应到会人数的三分之二，方能进行选举。这个规定，是在总结多年来党的地方组织选举工作经验的基础上，根据党的地方组织的实际情况而作出的。选举产生党的地方组织的领导机构，是党的地方组织政治生活中的一件大事，必须充分发扬民主，尊重代表的民主权利。因此，党的地方组织召开代表大会或委员会全体会议进行选举时，代表或委员，除有特殊原因需请假者外，都应当参加会议，行使自己的权利。

【重点难点提示】

不论是召开代表大会还是委员会全体会议，第一件事都是清点会场人数，宣布会议有效。从表面上看这是一件小事，实则非常重要。这是因为，到会人数决定了会议是否有效。对于参会者来说，一定要按照规定时间参加会议。会议的组织者最好安排人员做好提醒工作。

二、大会主席团

【新条例】第二十五条　代表大会选举工作中的重大问题,由大会主席团集体讨论决定。

代表大会的选举工作由大会主席团常务委员会主持。

大会主席团成员一般占代表人数的10%左右,由党的委员会或者各代表团从代表中提名,经大会预备会议表决通过。大会主席团常务委员会委员由党的委员会提名,经大会主席团会议表决通过。

【原条例】第二十七条　代表大会选举工作中的重大问题,由大会主席团集体讨论决定。

代表大会的选举工作由主席团常务委员会主持。

大会主席团成员由党的委员会或各代表团从代表中提名,经大会预备会议表决通过。主席团常务委员会委员由党的委员会提名,经主席团会议表决通过。

本条是关于大会主席团的职责和大会主席团产生的规定。

1985年2月1日中共中央组织部印发的《关于党的地方各级代表大会若干具体问题的暂行规定》,明确了代表大会主席团的产生及其任务。大会主席团由上届党委或各代表团提名,经代表酝酿讨论,确定候选人名单,提交大会预备会议举手表决通过。主席团常务委员的产生,在大会秘书长主持的第一次主席团会议上举手表决通过。大会执行主席分别由大会主席团成员轮流担任。大会主席团必须贯彻民主集中制的原则。凡是有关会议的重大问题，都要经过主席团全体会议讨论决定。它的主要任务是：按照大会议程主持会议；组织大会的报告和讨论；主持大会的选举工作；组织讨论通过大会的决议。1994年1月26日中共中央发布的《中国共产党地方组织选举工作条例》，对大会主席团的职责和产生作了修改。2020年12月28日中共中央印发的新修订的《中国共产党地方组织选举工作条例》，新增了"大会主席团成员一般占代表人数的10%左右"的规定。

根据本条的规定，第一，代表大会选举工作中的重大问题，由大会主席团集体讨论决定。这就表明，大会主席团集体讨论决定的是代表大会选举工作中的重大问题。需要说明的是，大

大会主席团和大会主席团常务委员会的职责及产生

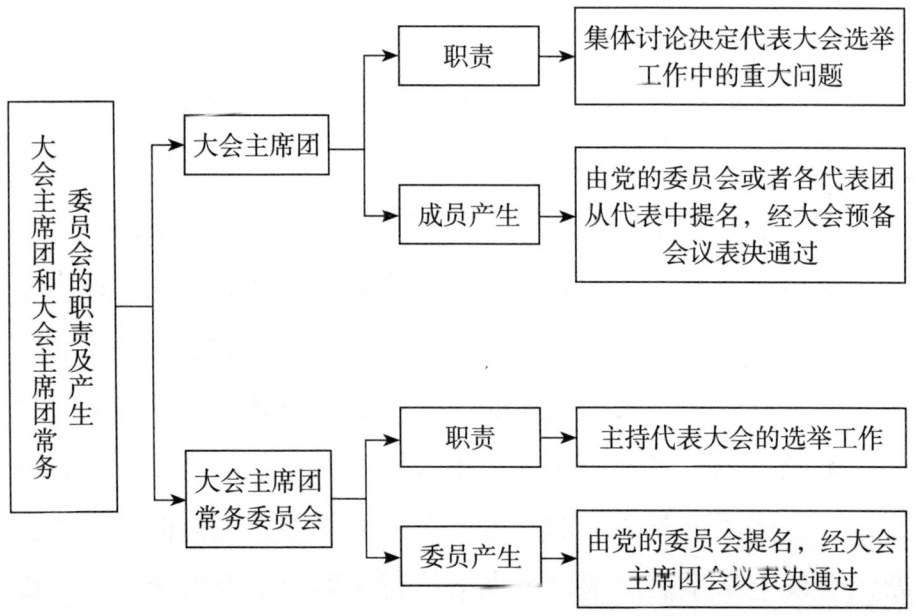

会主席团作出决定前需要进行集体讨论,而不是由哪一个人决定。第二,代表大会的选举工作由大会主席团常务委员会主持。第三,大会主席团成员一般占代表人数的10%左右,由党的委员会或者各代表团从代表中提名,经大会预备会议表决通过。第四,大会主席团常务委员会委员由党的委员会提名,经大会主席团会议表决通过。

三、第一次全体会议选举的主持

【新条例】第二十六条　党的地方各级委员会和纪律检查委员会第一次全体会议的选举,由大会主席团各委托1名新当选的委员主持。

【原条例】第二十八条　党的地方各级委员会、纪律检查委员会第一次全体会议的选举,由大会主席团各委托一名新当选的委员主持。

本条是关于党的地方各级委员会和纪律检查委员会第一次全体会议选举主持人的规定。此次修订,未作修改。

根据本条的规定,党的地方各级委员会和纪律检查委员会第一次全体会议的选举,由大会主席团各委托1名新当选的委员主持。

值得注意的是,这与党的基层委员会第一次全体会议的主持人的规定是不同的。党的基层委员会第一次全体会议选举常务委员会委员和书记、副书记,分为两种情形。第一种情形,召开党员代表大会的,由大会主席团指定1名新选出的委员主持。第二种情形,召开党员大会的,由上届委员会推荐1名新当选的委员主持。这里规定的是"指定"和"推荐"。

四、介绍候选人有关情况

【新条例】第二十七条 大会主席团或者选举单位党组织应当实事求是地向选举人介绍候选人的有关情况,并对选举人提出的询问作出负责的答复。

【原条例】第二十九条 代表大会主席团或选举单位党组织应实事求是地向选举人介绍候选人的有关情况,并对选举人提出的询问作出负责的答复。

本条是关于介绍候选人有关情况的规定。此次修订,在"大会主席团"前增加了"代表"二字,表述更为准确。

为了提高选举质量,在选举前,对选举人进行介绍非常必要。在选举工作中,相对于选举过程中的其他工作,对候选人进行介绍是最容易被忽视的,从而影响了选举质量。为了避免此类问题的发生,本条给出了具体的解决方法:第一,大会主席团或者选举单位党组织应当实事求是地向选举人介绍候选人的有关情况。这里的"候选人的有关情况",主要是指候选人的简历、工作实绩和主要优缺点。强调介绍候选人的工作实绩,并不是说候选人的政治、思想、工作作风等方面的情况不重要,而是对这些方面的情况应当认真、实事求是地进行介绍。一般来说，候选人的工作实绩是候选人的思想水平、政策水平、工作水平的综合反映。在做好其他方面情况介绍的前提下，强调介绍候选人的工作实绩，目的是使选举人对候选人情况有一个全面的了解，同时，这样做有利于突出每个候选人的特点。第二，选举人可以对候选人的有关情况进行询问，大会主席团或者选举单位党组织应当作出负责的答复。

【声音】

李景治（中国人民大学教授）：传统的候选人介绍方式，是建立在等额选举基础之上、与等额选举相匹配的，很难适应差额选举的需要。差额选举要求对候选人的介绍要突出其特点、优势，以便选举人能够对其进行比较，从中作出自己的选择。同时，差额选举也要求选举人同候选人有更多直接交流的机会。在候选人的介绍中，要加强候选人之间的竞争机制，使选举人通过这种竞争更深入地了解候选人的思想、参政理念、工作思路。

（摘编自《中共党内选举制度的完善》，《学术界》2013年第1期）

五、监票人的产生

【新条例】第二十八条　代表大会选举设总监票人1名，必要时也可以设副总监票人1名；设监票人若干名。监票人由各代表团从不是候选人的选举人中推荐，总监票人、副总监票人由大会主席团常务委员会从监票人中提名,经大会主席团或者大会表决通过。

党的地方各级委员会和纪律检查委员会第一次全体会议的选举设监票人若干名。监票人由会议主持人从不是候选人的委员中提名,经选举人表决通过。

【原条例】第三十条 代表大会选举设总监票人一名,必要时也可以设副总监票人一名;设监票人若干名。监票人由各代表团从不是候选人的选举人中推荐,总监票人、副总监票人由大会主席团常务委员会从监票人中提名,经主席团或大会表决通过。

党的委员会和纪律检查委员会第一次全体会议的选举设监票人若干名。监票人由会议主持人从不是候选人的委员中提名,经选举人表决通过。

本条是关于监票人产生的规定,共两款内容。此次修订,在"主席团"前增加了"大会"二字,将"党的委员会"修改为"党的地方各级委员会",表述更为准确。

根据第一款的规定,代表大会选举设总监票人1名,必要时也可以设副总监票人1名;设监票人若干名。监票人数的确定,应本着有利于对选举过程实施有效监督的原则,根据参加选举的人数确定。监票人应由党性强、公道正派,并熟悉选举工作的同志担任。

监票人负责对选举全过程进行监督,主要职责有:(1)投票前检查票箱,监督发放选票;(2)投票时监督投票;(3)投票结

监票人的产生

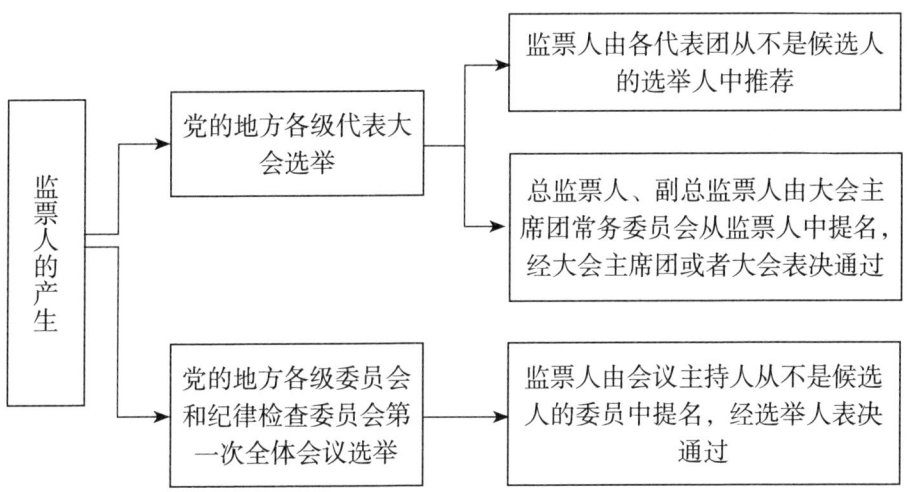

束后,当众打开票箱,监督计票人清点选票,核实收回的选票数是否与发出的选票数相等,作出记录,签字并报告被选举人的得票数。(4)在会议主持人宣布选举有效后,监督计票人计票;(5)计票结束后,审核计票结果并签字。

代表大会选举监票人由各代表团从不是候选人的选举人中推荐,总监票人、副总监票人由大会主席团常务委员会从监票人中提名,经大会主席团或者大会表决通过。

根据第二款的规定,党的地方各级委员会和纪律检查委员会第一次全体会议的选举设监票人若干名。委员会选举的监票人的产生程序是:第一步,监票人由会议主持人从不是候选人的委员中提名。第二步,经选举人表决通过。

六、计票人的产生

【新条例】第二十九条 选举设计票人若干名。计票人由大会秘书长或者委员会第一次全体会议的主持人指定,在监票人的监督下工作。

【原条例】第三十一条 选举设计票人若干名。计票人由大会秘书长或委员会第一次会议的主持人指定,在监票人的监督下工作。

本条是关于计票人产生的规定。此次修订,将"委员会第一次会议"修改为"委员会第一次全体会议",表述更为准确。

根据本条的规定,选举设计票人若干名。计票人数的确定,应本着有利于准确、迅速地统计选举结果的原则,根据会议规模和实际需要确定。计票人应由党性强、公道正派并熟悉计票工作的同志担任。

计票人由大会秘书长或者委员会第一次全体会议的主持人指定,一般应从会议工作人员或者不是候选人的代表中指定。

计票人在监票人的监督下工作,主要职责是:(1)在监票人监督下分发、清点和计算选票;(2)在计票结果报告单上签字。

七、选票上候选人名单排序

【新条例】第三十条 选票上的代表、委员、候补委员、常务委员会委员候选人名单按照姓氏笔画为序排列,书记、副书记候选人按照上级党的委员会批准的顺序排列。

【原条例】第三十二条　代表、委员、候补委员、常务委员会委员候选人按姓氏笔划排列,书记、副书记候选人按上级党委批准的顺序排列。

本条是关于选票上代表、委员、候补委员、常务委员会委员、书记、副书记候选人排序的规定。

此次修订,作了个别文字上的修改。一是在"代表、委员、候补委员、常务委员会委员候选人"前增加了限定词"选票上的",在其后增加了"名单"二字。二是将"上级党委"修改为"上级党的委员会"。这样修改,更加精准。

根据本条的规定,选票上候选人姓名的排列是作了区分的。第一种情况:选票上的代表、委员、候补委员、常务委员会委

选票上候选人名单排序

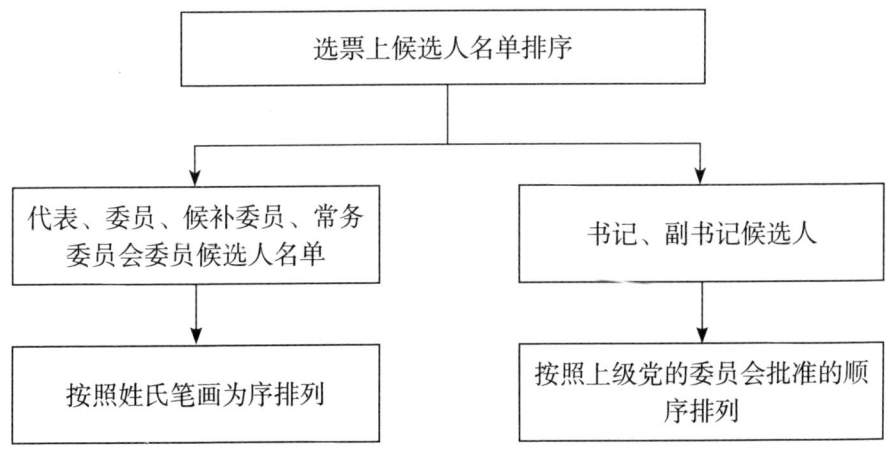

员候选人名单按照姓氏笔画为序排列。第二种情况，书记、副书记候选人按照上级党的委员会批准的顺序排列。作出这样的规定，是为了确保上级党组织的组织意图的实现。

八、委托投票

【新条例】第三十一条　选举人不能填写选票的，可以由本人委托非候选人按照选举人的意志代为填写。

因故未出席会议的选举人，不能委托他人代为投票。

【原条例】第三十三条　选举人不能写选票的，可由本人委托他人按选举人的意志代写。

因故未出席会议的选举人，不能委托他人代为投票。

本条是关于委托投票的规定。

根据本条的规定，选举人不能填写选票的，可由本人委托非候选人按照选举人的意志代为填写。这里所说的"选举人不能填写选票的"的情况，主要有肢体残疾、失明等。尽管如此，选举人也必须到场，否则不能由本人委托非候选人按照选举人的意志代为填写。此次修订，将"委托他人"修改为"委托非候选人"，更加准确。

但是，因故未出席会议的选举人，不能委托他人代为投票。这是因为，党的地方组织选举是党内政治生活中的一件大事，要求选举人都参加，在发扬民主、充分酝酿的基础上，按照自己的意愿填写选票并亲自投票。因故未出席选举大会的选举人，由于不能直接听取有关候选人的情况介绍，参加酝酿讨论，然后按照自己的意志填写选票，所以不能委托非候选人代为投票。此外，如果允许委托非候选人代为投票，就可能为拉票等违纪行为提供方便条件。

九、投票

【新条例】第三十二条　选举人对候选人可以投赞成票，可以投不赞成票，也可以弃权。投不赞成票者可以另选他人。

【原条例】第三十四条　选举人对候选人可以投赞成票，可以投不赞成票，也可以弃权。投不赞成票者可以另选他人。

本条是关于选举人对候选人投票的规定。

根据本条的规定，选举人对候选人可以投赞成票，可以投不赞成票，也可以弃权。选举人如果投不赞成票，则可以另选他人。

从内容来看，本条实际上说的是选票样式的设计。无论是在相应的名字前打钩、画圈，都务必明了，同时还要专门设计另选他人时的填写位置。

十、计票

【新条例】第三十三条　投票结束后，监票人、计票人应当将投票人数、发出选票数和收回选票数加以核对，作出记录，由监票人签字并报告被选举人的得票数。

【原条例】无

本条是关于计票的规定,属于此次修订新增的内容。

从内容来看,本条所说的实际上是投票结束后监票人、计票人的工作,也是选举结果报告单的设计。根据本条的规定,选举结果报告单的事项,包括实到代表多少人、发出选票多少张、收回选票多少张、无效票多少张、有效票多少张、候选人得票情况、另选人得票情况,以及监票人的签字。

【重点难点提示】

党的地方各级委员会进行选举,选举单位党组织或主持选举的机构应提前发出通知,选举人应按时参加会议,不得迟到。分发选票时,会议工作人员须认真核对到会的有选举权的人数,按实到会的选举人数分发选票,并以此作为统计依据,未到会的选举人应列入因故未出席会议人数。投票结束后,迟到的选举人不能再补投选票。

十一、确认选举和选票是否有效

【新条例】第三十四条 选举收回的选票数,等于或者少于发出的选票数,选举有效;多于发出的选票数,选举无效,应当重新选举。

每张选票所选的人数,等于或者少于规定应选人数的为有效票,多于规定应选人数的为无效票。

【原条例】第三十五条　选举收回的票数,等于或少于发出的票数,选举有效;多于发出的票数,选举无效,应重新选举。

每张选票所选的人数,等于或少于规定应选人数的为有效票,多于规定应选人数的为无效票。

本条是关于选举和选票是否有效的规定。

此次修订,只作了个别文字上的修改,将"票数"表述为"选票数",更加准确。

根据本条第一款的规定,选举收回的选票数,等于或者少于发出的选票数,选举有效;多于发出的选票数,选举无效,应当重新选举。这就表明,判断选举是否有效的标准是选举收回的选票数是否等于或者少于发出的选票数。

根据本条第二款的规定,每张选票所选的人数,等于或者

选举和选票有效的条件

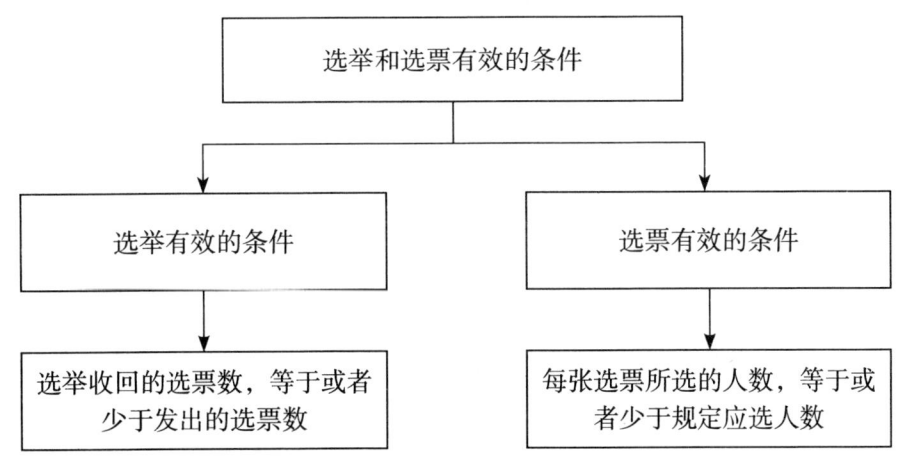

少于规定应选人数的为有效票,多于规定应选人数的为无效票。这就表明,判断选票是否有效的标准是每一张选票所选人数是否等于或者少于规定应选人数。

十二、差额预选

【新条例】第三十五条　差额预选时,可以集中投票,也可以分代表团投票,由大会统一计票。

【原条例】第三十六条　差额预选时,可以集中投票,也可以分代表团投票,由大会统一计票。

本条是关于差额预选的规定。此次修订,未作修改。

预选,是指在党内选举时,为确定正式候选人而进行的选举。党章规定,可以直接采用候选人数多于应选人数的差额选举办法进行正式选举。也可以先采用差额选举办法进行预选,产生候选人名单,然后进行正式选举。

新条例第四条第二款规定,党的地方各级代表大会代表,委员会委员和候补委员、常务委员会委员,纪律检查委员会委员、常务委员会委员实行差额选举。因此,党的地方各级代表大会代表,委员会委员和候补委员、常务委员会委员,纪律检查委员会委员、常务委员会委员的选举,一般可先采取差额预选方式,选举产生正式候选人,然后进行正式选举。预选的目的,是确定正式候选人。经差额预选产生正式候选人后,在正式选举时一般不再实行差额选举。

十三、当选要求

【新条例】第三十六条 正式选举时，被选举人获得赞成票超过应到会有选举权人数半数的，始得当选。获得赞成票超过半数的被选举人数多于应选名额时，以得票多少为序，至取足应选名额为止；如遇票数相等不能确定当选人时，一般应就票数相等的被选举人再次投票，得票多的当选。获得赞成票超过半数的被选举人数少于应选名额时，不足的名额可以从未当选的得票多的被选举人中重新选举；如果接近应选名额，经半数以上选举人同意或者大会主席团决定，也可以不再选举。

预选时，获得赞成票超过应到会有选举权人数半数的候选人，方可列为正式候选人；确定正式候选人，原则上以得票多少为序。如遇票数相等不能确定正式候选人或者获得赞成票超过半数的被选举人少于、接近应选名额时，按照正式选举时的相应办法处理。

【原条例】第三十七条 正式选举时，被选举人获得赞成票超过应到会有选举权人数半数的，始得当选。获得赞成票超过半数的被选举人数多于应选名额时，以得票多少为序，至取足应选名额为止；如遇票数相等不能确定当选人时，一般应就票数相等的被选举人重新投票，得票多的当选。获得赞成票超过半数的被选举人数少于应选名额时，不足的名额可以从未当选的得票多的被选举人中重新选举；如果接近应选名额，经半数以上选举人同意，也可以不再选举。

预选时，获得赞成票超过应到会有选举权人数半数的候选人，才能列为正式候选人；确定正式候选人，原则上按得票多少为序。如遇票数相等不能确定当选人或获得赞成票超过半数的被选举人少于、接近应选名额时，按正式选举时的相应办法处理。

本条是关于当选要求的规定，共两款内容。

其中，第一款明确了当选要求，即正式选举时，被选举人获得赞成票超过应到会有选举权人数半数的，始得当选。同时，对获得赞成票超过半数的被选举人数多于、少于应选名额两种情形如何确定当选人作出规定。

当选要求

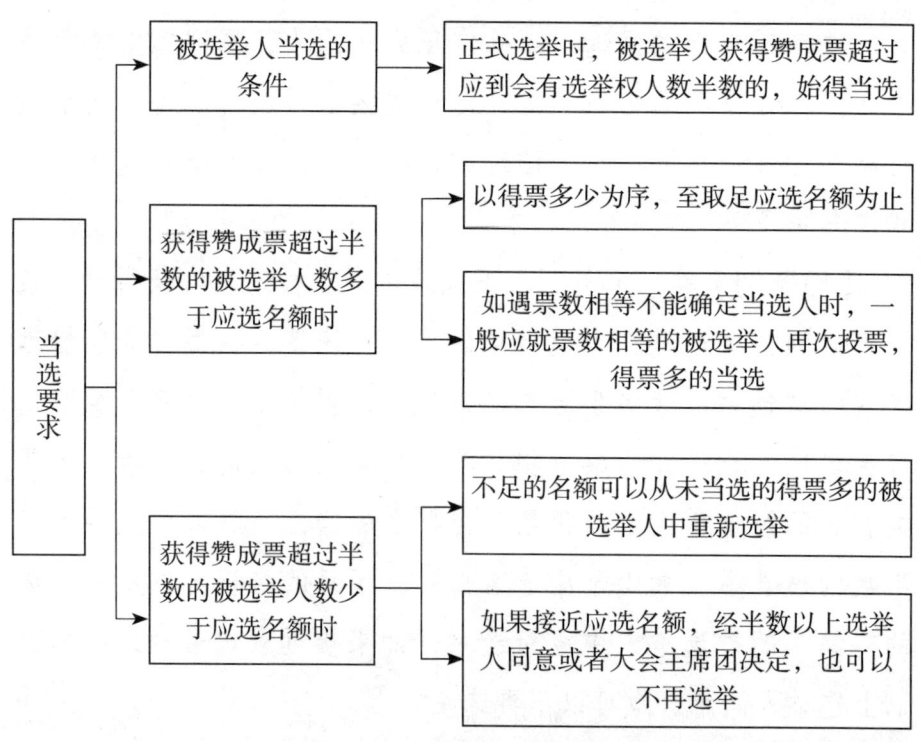

第一种情形：获得赞成票超过半数的被选举人数多于应选名额时，以得票多少为序，至取足应选名额为止。如遇票数相等不能确定当选人时，一般应就票数相等的被选举人再次投票，得票多的当选。

第二种情形：获得赞成票超过半数的被选举人数少于应选名额时，不足的名额可以从未当选的得票多的被选举人中重新选举。但是如果接近应选名额，经半数以上选举人同意或者大会主席团决定，也可以不再选举。此次修订，新增"大会主席团决定"的规定。这是因为，决定是否再次选举是代表大会选举工作中的重大问题，属于大会主席团的职责。

至于预选时如何确定正式候选人，本条第二款作出了规定。预选时，获得赞成票超过应到会有选举权人数半数的候选人，方可列为正式候选人；确定正式候选人，原则上以得票多少为序。如遇票数相等不能确定正式候选人或者获得赞成票超过半数的被选举人少于、接近应选名额时，按照正式选举时的相应办法处理。

十四、报告得票情况和宣布当选人名单

【新条例】第三十七条　被选举人得票情况，预选时由总监票人向大会主席团报告；正式选举时由总监票人向选举人报告，当选人名单由会议主持人向选举人宣布。

报告得票情况，包括得赞成票、不赞成票、弃权票和另选他人等。

【原条例】第三十八条 被选举人得票情况，预选时，由总监票人向大会主席团报告；正式选举时，由总监票人向选举人报告，当选人名单由会议主持人向选举人宣布。

本条是关于报告得票情况和宣布当选人名单的规定。

此次修订，新增了"报告得票情况，包括得赞成票、不赞成票、弃权票和另选他人等"的规定。这样规定，有助于全面准确反映选票选项内容，保障党员、代表知情权。

根据本条的规定，被选举人得票情况，包括得赞成票、不赞成票、弃权票和另选他人等。报告得票情况，分为两种情形：第一种，预选时，由总监票人向大会主席团报告。第二种，正式选举时，由总监票人向选举人报告。

至于当选人名单，则由会议主持人向选举人宣布。

报告得票情况

```
                      报告得票情况
                     ┌──────┴──────┐
              报告人及报告对象        报告内容
                     │                │
           ┌─────────┤                ├─── 得赞成票数
           │                          │
  预选时由总监票人向大会                ├─── 得不赞成票数
  主席团报告                          │
           │                          ├─── 得弃权票数
  正式选举时由总监票人                  │
  向选举人报告                         └─── 另选他人情况
```

十五、当选人名单排序

【新条例】第三十八条 当选的党的地方各级代表大会代表，党的地方各级委员会委员、纪律检查委员会委员，其名单按照姓氏笔画为序排列。

当选的党的地方各级委员会候补委员，其名单按照得票多少排列，得票相等的按照姓氏笔画为序排列。

当选的党的地方各级委员会和纪律检查委员会常务委员会委员、书记、副书记，其名单按照上级党的委员会批准的顺序排列。

【原条例】第三十九条 当选的党代表大会代表，党的委员会委员，纪律检查委员会委员，其名单按姓氏笔划排列；

当选的党的委员会候补委员，其名单按得票多少排列，得票相等的按姓氏笔划排列；

当选的党的委员会和纪律检查委员会常务委员会委员、书记、副书记，其名单按上级党的委员会批准的顺序排列。

本条是关于当选人名单排序的规定。

此次修订，只是增加了限定词"地方各级"。根据本条的规定，当选人名单排序分为3种情形。

第一种，当选的党的地方各级代表大会代表，党的地方各级委员会委员、纪律检查委员会委员，其名单按照姓氏笔画为序排列。

第二种，当选的党的地方各级委员会候补委员，其名单按照得票多少排列，得票相等的按照姓氏笔画为序排列。

第三种，当选的党的地方各级委员会和纪律检查委员会常务委员会委员、书记、副书记，其名单按照上级党的委员会批准的顺序排列。

当选人名单排序

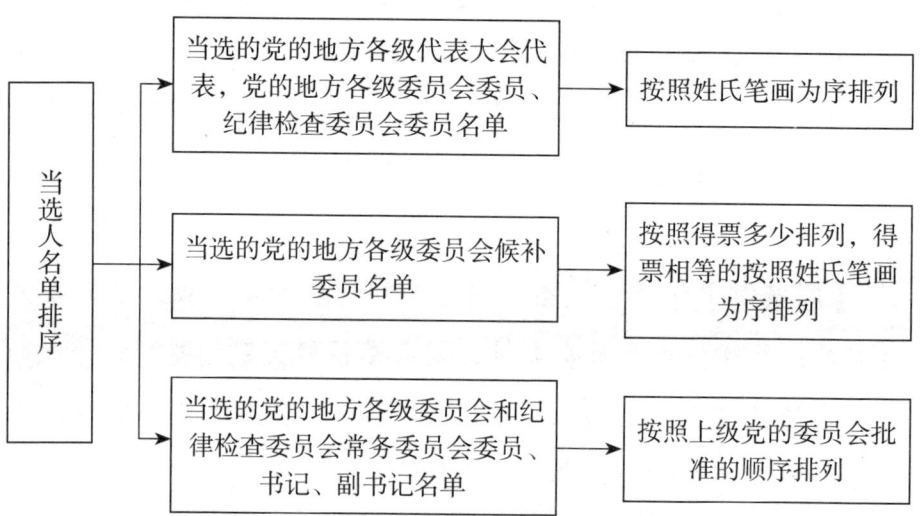

需要注意的是，第二种和第三种情形与选票上的代表、委员、候补委员、常务委员会委员候选人名单的排序是不完全相同的。根据新条例第三十条的规定，选票上的代表、委员、候补委员、常务委员会委员候选人名单按照姓氏笔画为序排列，书记、副书记候选人按照上级党的委员会批准的顺序排列。

从这里，开启跨世纪航程

2017年10月31日，习近平总书记前往上海和浙江嘉兴，瞻仰上海中共一大会址和浙江嘉兴南湖红船，指出："上海党的一大会址、嘉兴南湖红船是我们党梦想起航的地方。我们党从这里诞生，从这里出征，从这里走向全国执政。这里是我们党的根脉。"

日前，记者从浙江嘉兴南湖革命纪念馆了解到，自2006年建新馆至2020年底，纪念馆累计参观人数已达1828万人次。仅2019年，南湖革命纪念馆就迎来超200万名参观者。同年，红船到南昌、西安、北京、贵阳等地巡展。

历史的宏大画卷，常在不经意间开篇。1921年8月初，浙江嘉兴南湖，11位一大代表，挤在闷热的船舱里共商"开天辟地的大事变"。

"革命声传画舫中，诞生共党庆工农。"一大代表董必武1964年重访嘉兴，曾为南湖革命纪念馆题诗纪此盛事。回望历史，一大的情景还历历在目。会议首先通过中国共产党第一个纲领："革命军队必须与无产阶级一起推翻资本家阶级的政权""承认无产阶级专政""消灭资本家私有制""联合第三国际"。

会议用无记名投票方式，选举产生党的第一个领导机构——中央局，陈独秀任书记。最后，全体代表在船舱中，紧握右拳，语气庄严，轻声呼喊："共产党万岁！第三国际万岁！共产主义——人类的解放者万岁！"

一条小船，仅容十余人促膝围坐；一份党纲，仅15条；一场会议，没有像样的会场，日程甚至还不到一天……当主持人轻声念出"本党定名为中国共产党"，全国当时曾先后有过300多个政党，然而，"其兴也勃焉，其亡也忽焉"，一条小船上诞生一个大党，一个如今拥有9100多万名党员的世界最大政党。

2005年6月21日，时任浙江省委书记习近平在《光明日报》上发表了《弘扬"红船精神"走在时代前列》的署名文章，系统阐述了"红船精神"的历史及现实意义。2020年是习近平同志提出"红船精神"15周年，南湖革命纪念馆新设红船精神永放光芒展览馆，详细阐释"红船精神"。

（摘编自《人民日报》2021年1月20日，作者：费伟伟等）

坚持知行合一　严肃党内生活

严肃党内政治生活是全面从严治党的根本性基础性工作，也是中国共产党人不忘初心、保持本色的重要保证。

"增强'四个意识'、坚定'四个自信'、做到'两个维护'，是具体的不是抽象的，领导干部特别是高级干部必须从知行合一的角度审视自己、要求自己、检查自己。"在十九届中央纪委三次全会上，习近平总书记坚持问题导向、针对突出问题，对领导干部特别是高级干部贯彻新形势下党内政治生活若干准则提出明确要求，为"关键少数"严守政治纪律和政治规矩、加强和规范党内政治生活提供了重要遵循。

党的十八大以来,以习近平同志为核心的党中央坚定推进全面从严治党,党内政治生活展现新气象,党内政治生态明显好转。但"全面从严治党永远在路上",从巡视监督、日常监督发现的问题看,一些领导干部贯彻新形势下党内政治生活若干准则还存在温差、落差、偏差。比如,落实"两个维护",空喊口号,不用心、不务实、不尽力,搞形式主义、虚于应付;比如,贯彻党中央决策部署,依然存在打折扣、搞变通、做选择的情况,有的甚至敷衍了事、一拖再拖;比如,对打着领导干部旗号的违规干预行为,不讲原则、主动投机,甚至慷公家之慨向领导干部家属亲友输送利益。凡此种种无不表明,严肃党内政治生活,最重要的是知行合一;全面从严治党,最根本的是令行禁止。

"知者行之始,行者知之成。"领导干部特别是高级干部从知行合一的角度审视自己、要求自己、检查自己,就必须在思想上深刻认识增强"四个意识"、坚定"四个自信"、做到"两个维护"的特定政治内涵,对党中央决策部署,必须坚定坚决、不折不扣、落实落细。要严守政治纪律,在重大原则问题和大是大非面前,必须立场坚定、旗帜鲜明。要心底无私,正确维护党中央权威,对来自中央领导同志家属、子女、身边工作人员和其他特定关系人的违规干预、捞取好处等行为,对自称同中央领导同志有特殊关系的人提出的要求,必须坚决抵制。党内要保持健康的党内同志关系,倡导清清爽爽的同志关系、规规矩矩的上下级关系,坚决抵制拉拉扯扯、吹吹拍拍等歪风邪气，让党内关系正常化、纯洁化。要带头贯彻民主集中制，服从组织决定和组织分工。要带头建立健康的工作关系，不把管理的公共资源用于个人或者单位结"人缘"、拉关系、谋好处。

"榜样是看得见的哲理。"习近平总书记反复强调，要把我们党建设好，必须抓住"关键少数"。贯彻新形势下党内政治生活若干准则，坚定不移推进全面从严治党，领导干部特别是高级干部具有关键作用。职位越高越要自觉按照党提出的标准严格要求自己，越要以坚强党性和高尚品格，为全党带好头、作表率。惟其如此，才能在层层示范、层层带动中，形成管党治党、从严治党的强大势能；才能在深学笃行、知行合一中，彰显中国共产党人的真理力量和人格力量。

（摘编自《人民日报》2019年1月15日，作者：人民日报评论员）

第六章　呈报审批

新条例的第六章是呈报审批，共三条，即第三十九条至第四十一条。本章明确了召开大会请示、人事安排方案请示和选举结果报批等的呈报和审批要求。此次修订，调整了"呈报审批"的顺序，将其调整到"选举的实施"之后。同时，对个别文字作了增补，将"中央委员会"修改为"党的中央委员会"，将"党的委员会"修改为"党的地方各级委员会"，表述更加精准。

一、召开代表大会的请示

【新条例】第三十九条　召开代表大会的请示，党的省、自治区、直辖市委员会一般于召开代表大会4个月前报党的中央委员会审批；其他党的地方委员会一般于召开代表大会2个月前报上一级党的委员会审批。请示的内容包括：代表大会召开的时间和大会议程；代表名额、差额比例，代表构成的指导性比例；党的委员会委员、候补委员和常务委员会委员名额、差额比例，书记、副书记名额；纪律检查委员会委员和常务委员会委员名额、差额比例，书记、副书记名额；选举办法。

【原条例】第二十三条　召开代表大会的请示，党的省、自治区、直辖市委员会一般于召开代表大会四个月前报中央委员会审批；其他党的地方委员会一般于召开代表大会两个月前报上一级党的委员会审批。请示的内容包括：代表大会召开的时间和大会议程；代表名额、差额比例，代表构成的指导性比例；党的委员会委员、候补委员和常务委员会委员名额、差额比例，书记、副书记名额；纪律检查委员会委员和常务委员会委员名额、差额比例，书记、副书记名额；选举办法。

本条是关于党的地方各级委员会召开代表大会请示的规定。此次修订，只作了文字上的增补。

根据《中国共产党重大事项请示报告条例》第十三条的规定，党组织应当向上级党组织请示的事项共10项，其中第三项就是"明确规定需要请示的重要会议、重要活动、重要文件等"。召开党的地方代表大会，就属于需要请示的重要会议。

【声音】

中共中央办公厅负责人：从程度上看，重大事项是与一般事项相对的概念，《中国共产党重大事项请示报告条例》把两者的界限放在请示报告与担当负责相统一的背景下厘清，明确超出自身职权范围的事项必须请示报告，在自身职权范围内的大部分事项无须请示报告，但关乎全局、影响广泛的重要事情和重要情况也应当请示报告。从内容上看，重大事项包括党组织贯彻执行党中央决策部署和上级党组织决定、领导经济社会发展事务、落实全面从严治党责任，党员履行义务、行使权利，领导干部行使权力、担负责任等重要事情和重要情况。同时，《中国共产党重大事项请示报告条例》明确，请示包括两种情形，即请求指示或者批准；报告主要是将重要事情和重要情况向党组织呈报。

（摘编自《加强请示报告工作保证全党团结统一和行动一致——中央办公厅负责人就〈中国共产党重大事项请示报告条例〉答记者问》，《人民日报》2019年3月1日，作者：新华社记者）

理解本条，关键是要弄清楚"请示"这个概念。《中国共产党重大事项请示报告条例》第三条第三款规定："本条例所称请示，是指下级党组织向上级党组织，党员、领导干部向党组织就重大事项请求指示或者批准；所称报告，是指下级党组织向上级党组织，党员、领导干部向党组织呈报重要事情和重要情况。"由此可见，请示包括两种情形，即请求指示或者请求批准；报告主要是将重要事情和重要情况向党组织呈报。"召开代表大会的请示，党的省、自治区、直辖市委员会一般于召开代表大会4个月前报党的中央委员会审批"，以及"其他党的地方委员会一般于召开代表大会2个月前报上一级党的委员会审批"，其中的"报……审批"是呈报审批的意思，意即请求批准。

关于请示的内容，主要包括5项：一是代表大会召开的时

召开代表大会的请示向上一级党的委员会
报审批的时限

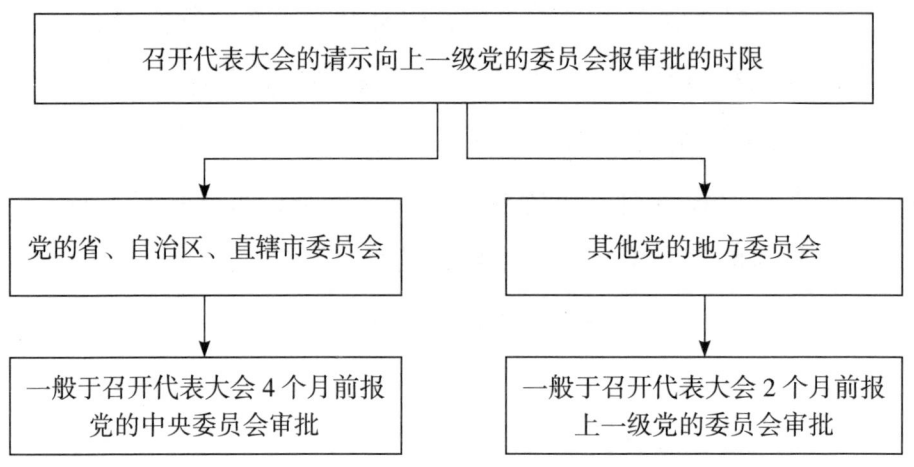

间和大会议程;二是代表名额、差额比例,代表构成的指导性比例;三是党的委员会委员、候补委员和常务委员会委员名额、差额比例,书记、副书记名额;四是纪律检查委员会委员和常务委员会委员名额、差额比例,书记、副书记名额;五是选举办法。

关于请示的层级,是报上一级。具体来说,就是党的省、自治区、直辖市委员会召开代表大会的请示,报党的中央委员会审批;其他党的地方委员会召开代表大会的请示,报上一级党的委员会审批。

关于时限,党的省、自治区、直辖市委员会召开代表大会的请示,一般于召开代表大会4个月前报批;其他党的地方委员会召开代表大会的请示,一般于召开代表大会2个月前报批。值得注意的是,党的省、自治区、直辖市委员会召开代表大会的请示报批时限，要比其他党的地方委员会召开代表大会的请示报批时限早 2 个月。

延伸阅读

该请示报告的必须请示报告

请示报告制度是我们党的一项重要政治纪律、组织纪律、工作纪律，是执行民主集中制的有效工作机制。中共中央印发的《中国共产党重大事项请示报告条例》为开展请示报告工作提供了基本遵循，有利于推动请示报告工作全面走上制度化、规范化、科学化轨道。

请示报告制度，是必须遵守的政治纪律和政治规矩，也是我党我军的优良传统。1948年，为适应解放战争形势的迅速发展，中共中央发出《关于建立报告制度》的指示。时任中原局书记的邓小平，在战斗频仍的情况下，仍严格执行这一指示。从那时起直到1952年调到中央工作，他坚持约两个月向中央写一次书面报告，对于事关重大、复杂或敏感性问题都在第一时间向中央汇报。

党的十八大以来，党中央高度重视加强请示报告工作。习近平总书记反复强调严格执行请示报告制度的重要性，明确要求全党必须严格执行重大问题请示报告制度，研究涉及全局的重大事项或作出重大决定要及时向党中央请示报告，执行党中央重大决定的情况要专题报告。《关于新形势下党内政治生活的若干准则》明确提出："全党必须严格执行重大问题请示报告制度。"

《中国共产党重大事项请示报告条例》坚持问题导向，对什么是请示报告、向谁请示报告、请示报告什么、怎么请示报告等基本问题作出明确规定，确立了请示报告的工作体制，厘清了主体，明确了范围和内容，规范了程序和方式，强化了监督与追责，具有很强的针对性和可操作性。各级党组织、党员和领导干部既要牢记授权有限，该请示的必须请示，该报告的必须报告，又要牢记守土有责，该负责的必须负责，该担当的必须担当。坚持全面如实请示报告工作、反映情况、分析问题、提出建议，既报喜又报忧、既报功又报过、既报结果又报过程，自觉把讲政治要求贯彻到请示报告工作全过程和各方面，确保各项规定不折不扣得到落实。

（摘编自《解放军报》2019年4月17日，作者：祝俊业）

二、党的地方各级委员会和纪律检查委员会委员、候补委员，常务委员会委员和书记、副书记候选人预备人选的报批

【新条例】第四十条　党的地方各级委员会委员、候补委员，常务委员会委员和书记、副书记候选人预备人选；纪律检查委员会委员，常务委员会委员和书记、副书记候选人预备人选，

一般于召开代表大会1个月前报上一级党的委员会审批。

【原条例】第二十四条　党的委员会委员、候补委员，常务委员会委员和书记、副书记候选人预备人选；纪律检查委员会委员，常务委员会委员和书记、副书记候选人预备人选，一般于召开代表大会一个月前报上一级党的委员会审批。

本条是关于党的地方各级委员会和纪律检查委员会委员、候补委员，常务委员会委员和书记、副书记候选人预备人选报批的规定。此次修订，只是将"党的委员会"修改为"党的地方各级委员会"，其他未作修改。

根据本条的规定，党的地方各级委员会和纪律检查委员会委员、候补委员，常务委员会委员和书记、副书记候选人预备

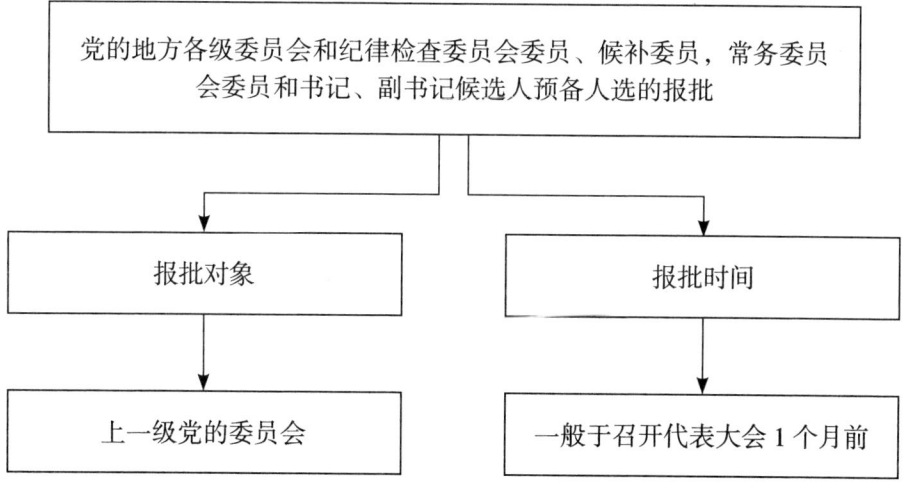

党的地方各级委员会和纪律检查委员会委员、
候补委员，常务委员会委员和书记、
副书记候选人预备人选的报批

人选,一般于召开代表大会1个月前报上一级党的委员会审批。

值得注意的是,不论是党的省、自治区、直辖市委员会召开代表大会,还是其他党的地方委员会召开代表大会,党的地方各级委员会和纪律检查委员会委员、候补委员、常务委员会委员和书记、副书记候选人预备人选的报批时限一般都是"召开代表大会1个月前"。这与党的省、自治区、直辖市委员会召开代表大会和其他党的地方委员会召开代表大会的报批时间,是有区别的。此外,党的地方各级委员会和纪律检查委员会委员、候补委员、常务委员会委员和书记、副书记候选人预备人选的报批,是报上一级党的委员会审批。

三、选举结果的报备和报批

【新条例】第四十一条 当选的党的地方各级委员会委员、候补委员,纪律检查委员会委员,报上一级党的委员会备案。

当选的党的地方各级委员会常务委员会委员和书记、副书记,纪律检查委员会常务委员会委员和书记、副书记,报上一级党的委员会批准。

【原条例】第二十五条 当选的党的委员会委员、候补委员,纪律检查委员会委员,报上一级党的委员会备案;

当选的党的委员会常务委员会委员和书记、副书记,纪律检查委员会常务委员会委员和书记、副书记,报上一级党的委员会审批。

本条是关于选举结果报备和报批的规定。此次修订，只是将"党的委员会"修改为"党的地方各级委员会"，其他未作修改。

根据本条的规定，对选举结果的报备和报批，分为两种情况。

第一种情况：对当选的党的地方各级委员会委员、候补委员，纪律检查委员会委员，要报上一级党的委员会备案。这里的备案，实际上就是呈报审批中的"呈报"，意即报备。对于上级党的委员会来说，只需明确知晓呈报过来的材料内容并存档即可，无须审批。

第二种情况：对当选的党的地方各级委员会常务委员会委员和书记、副书记，纪律检查委员会常务委员会委员和书记、副书记，要报上一级党的委员会批准。这就表明，下级党的委员会选出来的常务委员会委员和书记、副书记呈报过来之后，上级党的委员会需要正式行文批准。

改革开放以来党的请示报告制度的发展

重大问题要请示报告是党的重要纪律和规矩，是实现党在各个历史时期使命和任务的内在要求。中国共产党成立至今，一直非常重视党内请示报告制度。

党的十一届三中全会之后，党的建设在拨乱反正中逐步走上正轨，请示报告制度得到恢复和健全。1982年党的十二大通过的新党章直至2017年党的十九大修改后的党章都明确规定："党的下级组织既要向上级组织请示和报告工作，又要独立负责地解决自己职责范围内的问题。"

实践充分表明，请示报告制度是党的优良传统和政治优势的重要体现。

党的十八大以来，以习近平同志为核心的党中央高度重视加强请示报告工作。习近平总书记强调指出："请示报告制度是我们党的一项重要制度，是执行党的民主集中制的有效工作机制，也是组织纪律的一个重要方面。"

党的十八届六中全会通过《关于新形势下党内政治生活的若干准则》，根据新的情况对重大问题报告制度作出更加细致严格的规定。

按照这些规定，全国人大、国务院、全国政协，中央纪律检查委员会、最高人民法院、最高人民检察院，中央和国家机关各部门，人民军队，各人民团体，各省、自治区、直辖市，其党委（党组）要定期向党中央报告工作。研究涉及全局的重大事项或作出重大决定要及时请示报告，执行党中央重要决定的情况要专题报告。遇有突发性重大问题和工作中重大问题要及时向党中央请示报告，除情况紧急必须临机处置并迅速报告外，不准先斩后奏。

2019年初，党中央颁布了《中国共产党重大事项请示报告条例》，这是在新形势下对历史上党的报告制度的继承和发展。这一条例与《关于新形势下党内政治生活的若干准则》《中共中央政治局关于加强和维护党中央集中统一领导的若干规定》等党内法规一起，构成加强党的政治建设的党内制度体系，表明我们党对维护党的集中统一领导有了更全面、更深入的认识和更系统、更有效的办法。

（摘编自求是网2021年1月8日，作者：是说新语）

正确区分和把握需要请示的事项和需要报告的事项

严格执行重大问题请示报告制度，有两个重要界限需要把握好。一是注意把握好"请示"事项和"报告"事项的区别。请示的事项，一般是指向上级机关、领导机关、主管机关或者有关领导同志提出的，请求给予明确批示、批准、批复或者指示的事项；而报告的事项，一般是指向上级机关、领导机关或者有关领导同志汇报工作、反映情况，或者回复上级机关、领导机关或者有关领导同志的询问。二者在内容上有一定联系和相似，但目的和结果是不同的，不应相互混淆、替代。《党政机关公文处理工作条例》第十五条第四项规定："请示应当一文一事。不得在报告等非请示性公文中夹带请示事项。"二是注意把握好"重大"事项和"一般"事项的区别。严格执行重大问题请示报告制度，维护党的集中统一，同各地区各部门各单位独立负责、积极主动、创造性开展工作，这两个方面是统一的，而不应把二者割裂开来、对立起来。

党内法规和规范性文件明确规定应当请示的事项均属于重大问题范畴，应当依照规定向有关领导机关或者主管机关作出请示。除明确规定的事项外，需要请示的情形主要有：（1）涉及中央集中统一管理的事项，包括外交、国防、军队、国家安全、港澳台侨等方面的重要工作和问题；（2）重大改革措施、重大体制变动等；（3）涉及中央文件解密、公开等事项；（4）重大活动、重要政策的宣传报道，新闻宣传和意识形态工作中不易把握的问题；（5）属于地方或者部门职权范围内的、但重大而又复杂敏感的事项。

党内法规和规范性文件明确规定应当报告的事项均属于重要问题范畴，应当按照规定向有关领导机关或者主管机关作出报告。除明确规定的事项外，需要报告的情形主要有：（1）中央重大决策部署或者上级党委重要工作部署的贯彻落实情况；（2）中央或者上级党委领导同志批示事项的研究办理、贯彻落实等情况；（3）全面工作总结、部署、安排和计划；（4）重大事件、事故、灾难、灾害或者突发事件、群体性事件的应对和处置处理情况；（5）社会政治、意识形态方面的重要和异常情况；（6）主要负责同志和领导干部出差、出访、出外地、离岗休假等情况。

（摘编自《光明日报》2016年11月8日，原标题为《全党必须严格执行重大问题请示报告制度》，作者：沈春耀）

第七章　纪律和监督

新条例的第七章是纪律和监督，共4条，即第四十二条至第四十五条。本章强调党对地方组织选举工作的领导，严明纪律，强化监督，严格追责问责。此次修订，将原条例第七章的名称"监督和处分"修改为"纪律和监督"。新增第四十二条，强调把纪律和规矩挺在前面，坚持教育在先、警示在先、预防在先，严肃政治纪律、组织纪律和换届纪律，严禁拉帮结派、拉票贿选、说情打招呼、违规用人、跑风漏气、干扰换届等违规违纪违法行为，强化监督检查和责任追究，营造良好政治生态，确保选举风清气正。此外，强调监督实施，明确将执行情况纳入巡视巡察监督工作内容；强调对失职失责的党组织和党的领导干部进行问责，涉嫌违法犯罪的按照有关法律规定处理。

一、明确选举纪律

【**新条例**】第四十二条　加强党对地方组织选举工作的领导，把纪律和规矩挺在前面，坚持教育在先、警示在先、预防在先，严肃政治纪律、组织纪律和换届纪律，引导党员和代表正确行使民主权利，保证选举工作健康有序。

落实全面从严治党责任，严禁拉帮结派、拉票贿选、说情打招呼、违规用人、跑风漏气、干扰换届等违规违纪违法行为，强化监督检查和责任追究，营造良好政治生态，确保选举风清气正。

【原条例】无

本条是对选举纪律的规定，属于此次修订新增的内容，共两款。

第一款是关于加强对党的地方组织选举工作领导的规定。这是对党的地方组织选举工作的政治纪律要求。中国共产党是中国特色社会主义事业的领导核心，党的领导是我们的最大制度优势，是做好党和国家各项工作的根本保证。坚持和完善党的领导，是党和国家的根本所在、命脉所在，是全国各族人民的利益所在、幸福所在。党是领导一切的，我们的全部事业都建立在这个基础之上。党的地方组织选举工作是党的建设工作的一项重要内容，加强对这项工作的领导当然是非常重要的。那么，如何加强对党的地方组织选举工作的领导呢？那就是坚持"三个在先"，严肃"三个纪律"，做好"一个引导"，从而保证党的地方组织选举工作平稳有序地进行。准确理解本款内容，需要把握好以下几点。

第一点，坚持"三个在先"，即坚持教育在先、警示在先、预防在先。关于"三个在先"的说法，最早是在十七届中央纪委六次全会上提出的。此后，中央纪委、中央组织部召开严肃换届纪律、保证换届风清气正视频会,强调按照十七届中央纪委六次全会提出的明确要求,加强对地方换届工作的纪律保障,坚持教育在先、警示在先、预防在先,严肃换届纪律,保证风清气正。党的地方组织换届工作要健康顺利地进行,必须有风清气正的换届环境作保证。这就必须坚持教育在先、警示在先、预防在先,防止破坏选人用人的公正性。此前修订的《中国共产党基层组织选举工作条例》和本次修订的《中国共产党地方组织选举工作条例》,都将"三个在先"写入其中。这是对换届纪律提出的明确要求,也给党的基层组织和党的地方组织落实这项工作指明了方向。

具体来说,坚持"教育在先",就是党的基层组织和党的地方组织在开展选举之前,可以通过不同的形式学习培训,严明纪律,把思想统一到选举工作的要求上来;坚持"警示在先",就是要通过召开警示大会对选举典型案例进行分析,让党员干部引以为戒;坚持"预防在先",就是要通过把有可能违规违纪的地方和环节梳理出来,提前提醒,重点盯防,把分析研判和动议、民主推荐、考察、讨论决定、公示、选举等各个环节都置于组织、干部、群众的有效监督之下,防患于未然。坚持教育在先、警示在先、预防在先,实质上是坚持抓早抓小,也是在党的基层组织和党的地方组织选举工作中贯彻落实监督执纪问责"四种形态"的具体体现。

第二点,严肃"三个纪律",即严肃政治纪律、组织纪律和换届纪律。

一是严肃政治纪律。所谓党的政治纪律,是各级党组织和

坚持"三个在先",严肃"三个纪律"

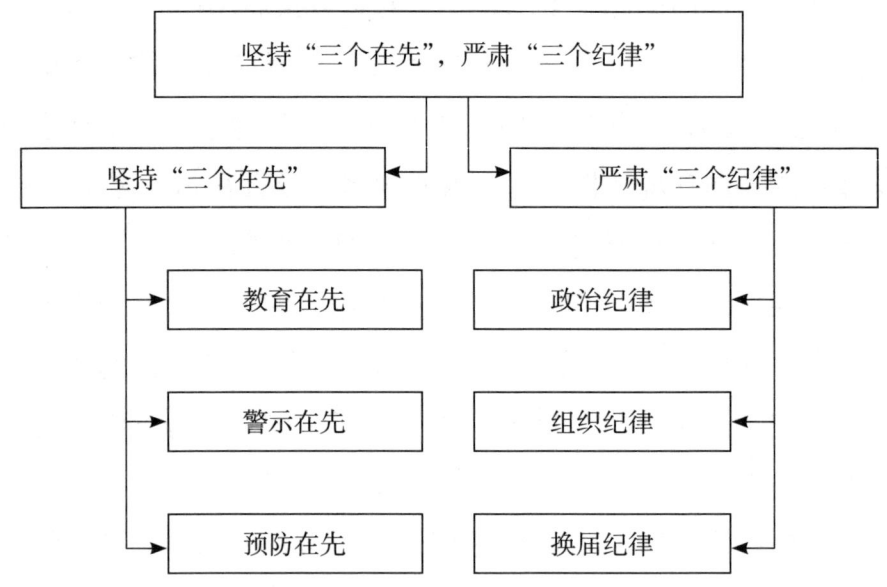

全体党员在政治方向、政治立场、政治言论和政治行为方面必须遵守的规矩,是维护党的团结统一的根本保证,是最重要、最根本、最关键的纪律。而党的政治规矩,是我们党在长期实践中形成的政治规则、组织约束、优良传统和工作习惯,既包括成文的纪律,也包括自我约束的不成文的纪律。在党的纪律和党的规矩中,习近平总书记特别强调"政治纪律和政治规矩"。党的十八大以来,党中央多次强调,党员、干部特别是领导干部要严守政治纪律和政治规矩。这是政治立场问题,也是政治定力的体现。2019年3月1日,习近平总书记在中共中央党校(国家行政学院)中青年干部培训班开班式上强调,对党忠诚,就要增强"四个意识"、坚定"四个自信"、做到"两个维护",严守党的政治纪律和政治规矩,始终在政治立场、政治方向、政治原则、政治道路上同党中央保持高度一致。这种一致必须是发自内心、坚定不移的，任何时候任何情况下都要站得稳、靠得住。党的纪律包括政治纪律、组织纪律、廉洁纪律、群众纪律、工作纪律和生活纪律，其中政治纪律是打头、管总的。党的组织纪律、廉洁纪律、群众纪律、工作纪律、生活纪律是党的政治纪律在各个环节的反映。

【重点难点提示】

遵守党的纪律和规矩，首要的就是严守党的政治纪律和政治规矩，它是遵守党的全部纪律和规矩的重要基础。不论党员违反哪个方面的纪律，最终都会侵蚀党的执政基础，说到底都是破坏党的政治纪律。因此，讲政治、遵守政治纪律和政治规矩永远排在首要位置。只有抓紧政治纪律这个纲，才能把严肃其他纪律带起来。与党的其他规矩相比较，政治规矩更植根于党员的信仰，反映的是对党的忠诚和始终不渝的追随，事关全党的路线和立场，事关党的事业兴衰。

二是严肃组织纪律。组织纪律是规范和处理党的各级组织之间、党组织与党员之间以及党员与党员之间关系的行为规则，是维护党的集中统一、保持党的战斗力的重要保证。我们党自成立之日起，就注重加强党的组织纪律建设。在党成立时通过的第一个纲领中就明确规定："凡承认本党党纲和政策，并愿成为忠实的党员者，经党员一人介绍，不分性别、国籍，均可接收为党员，成为我们的同志。但在加入我们的队伍之前，必须与力图反对本党纲领的党派和集团断绝一切联系。"①坚持党要管党、全面从严治党，必须严守党的组织纪律。严明组织纪律，首要的是维护党的团结统一，核心是坚持民主集中制。民主集中制是民主基础上的集中和集中指导下的民主相结合。它既是党的根本组织原则，也是群众路线在党的生活中的运用。在党的纪律体系中，如果说政治纪律是纲、其他纪律是目，那么组织纪律无疑就是"首目"。

三是严肃换届纪律。这属于工作纪律，而且是具体的换届选举工作纪律。每一次党的地方组织换届选举，党中央都会提出选举工作的纪律要求。例如，2010年12月，中央纪委、中央组织部联合印发《关于严肃换届纪律保证换届风清气正的通知》，对换届工作纪律提出了"5个严禁、17个不准和5个一律"的纪律要求。2016年中央纪委机关、中央组织部联合印发《关于加强换届风气监督的通知》，明确提出9个严禁的纪律要求，即：严禁拉帮结派，严禁拉票贿选，严禁买官卖官，严禁跑官要官，严禁造假骗官，严禁说情打招呼，严禁违规用人，严禁跑风漏气，严禁干扰换届。

第二款是关于落实全面从严治党责任的规定。选举工作，是落实全面从严治党责任的重要方面。党的十八大以来，以习近平同志为核心的党中央以坚定决心、顽强意志、空前力度推进全面从严治党，取得重大进展和显著成效。同时要看到，

---

① 中央档案馆编：《中国共产党第一次代表大会档案资料（增订本）》，人民出版社1984年版，第6页。

党内存在的政治不纯、思想不纯、组织不纯、作风不纯等问题特别是一些深层次问题尚未得到根本解决。全党必须保持战略定力，发扬斗争精神，不断深化党的自我革命，一以贯之、坚定不移全面从严治党。习近平总书记在十九届中央纪委五次全会上强调，我们党作为百年大党，要永葆先进性和纯洁性、永葆生机活力，必须一刻不停推进党风廉政建设和反腐败斗争。各级领导干部特别是主要负责同志必须切实担负起管党治党政治责任，始终保持"赶考"的清醒，保持对"腐蚀""围猎"的警觉，把严的主基调长期坚持下去，以系统施治、标本兼治的理念正风肃纪反腐，不断增强党自我净化、自我完善、自我革新、自我提高能力，跳出治乱兴衰的历史周期率，引领和保障中国特色社会主义巍巍巨轮行稳致远。①

2020年3月9日，中共中央办公厅印发了《党委（党组）落实全面从严治党主体责任规定》。根据这一规定，在地方党委全面从严治党的责任内容中，第五项就是"贯彻新时代党的组织路线，坚持民主集中制，树立和坚持正确选人用人导向，建设忠诚干净担当的高素质专业化干部队伍，加强党的基层组织和党员队伍建设，做好人才工作，夯实党执政的组织基础"。在党组（党委）全面从严治党的11项责任内容中，第五项就是"坚持民主集中制，贯彻党管干部、党管人才原则，加强忠诚干净担当的高素质专业化干部队伍建设，加强党的基层组织和党员队伍建设，着力提高党内活动和党的组织生活质量，做好人

---

① 参见《充分发挥全面从严治党引领保障作用　确保"十四五"时期目标任务落到实处》，《人民日报》2021年1月23日。

才工作"。党的十八届六中全会通过的《关于新形势下党内政治生活的若干准则》明确规定,"党的任何组织和个人不得以任何方式妨碍选举人依照规定自主行使选举权,坚决反对和防止侵犯党员选举权和被选举权的现象,坚决防止和查处拉票贿选等行为""坚决禁止跑官要官、买官卖官、拉票贿选等行为"。

近年来发生的湖南衡阳破坏选举案和四川南充、辽宁拉票贿选案,教训十分深刻。2016年9月13日,十二届全国人大常委会第二十三次会议通过关于辽宁省人大选举产生的部分十二届全国人大代表当选无效的报告、关于成立辽宁省十二届人大七次会议筹备组的决定,依法确定45名拉票贿选的全国人大代表当选无效。此前,中央先后通报了查处的湖南衡阳破坏选举案、四川南充拉票贿选案、辽宁拉票贿选案,其中辽宁拉票贿选案是中华人民共和国成立以来查处的第一起发生在省级层面严重违反党纪国法、严重违反政治纪律和政治规矩、严重违反组织纪律和换届纪律、严重破坏党内选举制度和人大选举制度的重大案件。① 根据《十八届中央纪律检查委员会向中国共产党第十九次全国代表大会的工作报告》中的数据,对湖南衡阳破坏选举案严肃问责,467人受到责任追究。对四川南充拉票贿选案涉及的477人严肃处理。严肃查处辽宁省系统性拉票贿选问题,共查处955人,其中中管干部34人。习近平总书记曾明确指出,"要深刻吸取湖南衡阳破坏选举案和四川南充拉票贿选案的教训,以'零容忍'的政治态度、规范严谨的法定程序、科

---

① 参见中共中央党史研究室编:《党的十八大以来大事记》,人民出版社2017年版,第76页。

学有效的工作机制、严肃认真的纪律要求,坚决杜绝此类现象发生"①。

【声音】

仲祖文: 在衡阳破坏选举案、南充拉票贿选案之后,辽宁拉票贿选案再次给我们敲响了警钟。对这一案件的查处,充分体现了中央全面从严治党、净化政治生态的坚定决心,彰显了违规必究、执纪必严、有腐必反的鲜明态度。搞好换届选举工作,必须严明换届纪律,坚决整治不正之风,对违反换届纪律的行为坚持"零容忍"。

(摘编自《对违反换届纪律行为坚持"零容忍"》,《人民日报》2016年9月30日)

此次对条例的修订,贯彻习近平总书记的重要讲话精神和《关于新形势下党内政治生活的若干准则》以及《党委(党组)落实全面从严治党主体责任规定》等党内法规的要求,吸取湖南衡阳破坏选举案和四川南充、辽宁拉票贿选案教训,明确严禁拉帮结派、拉票贿选、说情打招呼、违规用人、跑风漏气、干扰换届等违规违纪违法行为。同时,强化监督检查和责任追究,营造良好政治生态,确保选举风清气正。

---

① 《习近平李克强张德江俞正声刘云山王岐山张高丽分别参加全国人大会议一些代表团审议》,《人民日报》2016年3月9日。

二、强化监督实施

【新条例】第四十三条　本条例由党的中央委员会以及中央纪律检查委员会和地方各级委员会、纪律检查委员会负责监督实施，执行情况纳入巡视巡察监督工作内容。

【原条例】第四十条　本条例由党的中央委员会和地方各级委员会、纪律检查委员会负责监督实施。

本条是关于新条例监督实施的规定。

根据本条的规定，负责新条例监督实施的是党的中央委员会以及中央纪律检查委员会和地方各级委员会、纪律检查委员会。其中，中央纪律检查委员会是新增的负责新条例监督实施的主体。《中国共产党党内法规执行责任制规定（试行）》对党内法规执行责任作了明确。其中，第三条规定，在党中央集中统一领导下，建立健全党委统一领导、党委办公厅（室）统筹协调、主管部门牵头负责、相关单位协助配合、党的纪律检查机关严格监督的执规责任制，统分结合、各司其职，一级抓一级、层层抓落实。第四条规定，地方各级党委对本地区党内法规执行工作负主体责任，应当坚决贯彻党中央决策部署以及上级党组织决定，带头严格执行党内法规，并领导、组织、推进本地区党内法规执行工作，支持和监督本地区党组织和党员领导干部履行执规责任。第十条规定，党的纪律检查机关应当带头严格执行党内法规，并对其他党组织和党员领导干部履行执规责任进行监督检查,切实维护党章和其他党内法规。中共中央办公厅印发的《党委(党组)落实全面从严治党主体责任规定》第二十条规定,上级党组织应当加强对党委(党组)落实全面从严治党主体责任情况的监督检查和巡视巡察,着力发现和解决责任不明确、不全面、不落实等问题。监督检查和巡视巡察中,应当注重发挥党员、干部、基层党组织和群众、新闻媒体等的作用,推动形成监督合力。

《中国共产党巡视工作条例》第十五条规定,巡视组对巡视对象执行《中国共产党章程》和其他党内法规,遵守党的纪律,落实全面从严治党主体责任和监督责任等情况进行监督,着力发现党的领导弱化、党的建设缺失、全面从严治党不力,党的观念淡漠、组织涣散、纪律松弛,管党治党宽松软问题:(一)违反政治纪律和政治规矩,存在违背党的路线方针政策的言行,有令不行、有禁不止,阳奉阴违、结党营私、团团伙伙、拉帮结

新条例的监督实施

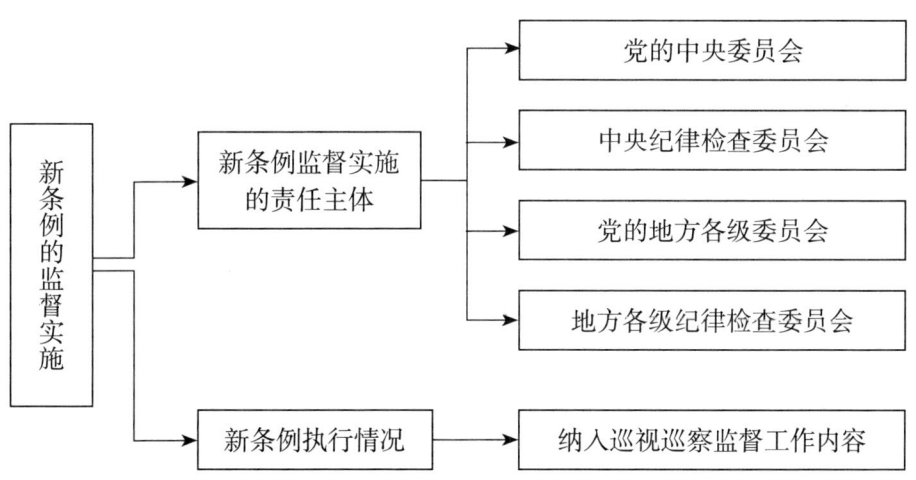

派,以及落实意识形态工作责任制不到位等问题;(二)违反廉洁纪律,以权谋私、贪污贿赂、腐化堕落等问题;(三)违反组织纪律,违规用人、任人唯亲、跑官要官、买官卖官、拉票贿选,以及独断专行、软弱涣散、严重不团结等问题;(四)违反群众纪律、工作纪律、生活纪律,落实中央八项规定精神不力,搞形式主义、官僚主义、享乐主义和奢靡之风等问题;(五)派出巡视组的党组织要求了解的其他问题。

此次对条例的修订,新增了"执行情况纳入巡视巡察监督工作内容"的规定,使新条例的实施有了强有力的保障措施。

三、不得违反党章

【新条例】第四十四条 党的地方各级代表大会的选举,如果发生违反党章的情况,上一级党的委员会在调查核实后,应当作出选举无效和采取相应措施的决定,并报再上一级党的委员会审查批准,正式宣布执行。

【原条例】第四十一条 党的地方各级代表大会的选举,如果发生违反党章的情况,上一级党的委员会在调查核实后,应作出选举无效和采取相应措施的决定,并报再上一级党的委员会审查批准,正式宣布执行。

本条是关于党的地方各级代表大会的选举如果发生违反党章情况的处理规定。此次修改,只作了一些文字的改动。

党章第十一条第一款规定,党的各级代表大会的代表和委员会的产生，要体现选举人的意志。选举采用无记名投票的方式。候选人名单要由党组织和选举人充分酝酿讨论。可以直接采用候选人数多于应选人数的差额选举办法进行正式选举。也可以先采用差额选举办法进行预选，产生候选人名单，然后进行正式选举。选举人有了解候选人情况、要求改变候选人、不选任何一个候选人和另选他人的权利。任何组织和个人不得以任何方式强迫选举人选举或不选举某个人。为保证第一款的实施，第二款进一步规定，党的地方各级代表大会和基层代表大会的选举，如果发生违反党章的情况，上一级党的委员会在调查核实后，应作出选举无效和采取相应措施的决定，并报再上一级党的委员会审查批准，正式宣布执行。

  本条采用的是党章的表述，未作修改。根据本条的规定，党的地方各级代表大会的选举，如果发生违反党章的情况，首先需要上一级党的委员会在调查核实后，应当作出选举无效和采取相应措施的决定，并报再上一级党的委员会审查批准后，才能正式宣布执行。

四、严肃追责问责

【新条例】第四十五条　凡违反本条例规定，妨害选举人行使民主权利，或者对检举选举中违规违纪违法行为的人进行压制、打击报复的，应当根据问题的性质和情节轻重，对有关党组织或者党员给予处理处分，对失职失责的党组织和党的领导干部进行问责；涉嫌违法犯罪的，按照有关法律规定处理。

【原条例】第四十二条 凡违反本条例规定，妨害选举人行使民主权利，或对检举选举中违纪行为的人进行压制、打击报复的，应根据问题的性质和情节轻重，对有关党组织或党员进行批评教育或给予党的纪律处分。

本条是关于违反新条例规定严肃追责问责的规定。

此次修订，根据《中国共产党党内法规执行责任制规定（试行）》《中国共产党纪律处分条例》《中国共产党问责条例》等党内法规和《中华人民共和国监察法》等法律法规的规定，一是将"违纪行为"修改为"违规违纪违法行为"。二是将"批评教育"修改为"处理处分"。三是新增了"对失职失责的党组织和党的领导干部进行问责"和"涉嫌违法犯罪的，按照有关法律规定处理"的规定。

《中国共产党党内法规执行责任制规定（试行）》第十六条规定："党组织和党员领导干部有下列情形之一的，应当依规依纪追究责任，涉嫌违法犯罪的，按照有关法律规定处理：（一）不贯彻执行党中央关于党内法规执行的决策部署以及上级党组织有关决定；（二）履行领导、统筹、牵头、配合、监督等执规责任不力；（三）执行党内法规打折扣、搞变通或者选择性执行；（四）本地区本单位在执规中出现重大问题或者造成严重后果；（五）其他应当追究责任的情形。"

《中国共产党纪律处分条例》第十九条规定："对于党员违犯党纪应当给予警告或者严重警告处分，但是具有本条例第十七条规定的情形之一或者本条例分则中另有规定的，可以给予批评教育、责令检查、诫勉或者组织处理,免予党纪处分。对违纪党员免予处分,应当作出书面结论。"据此,对党员违反党纪应该给予的处分,一般是警告、严重警告,符合从轻或减轻条件的,可以批评教育、责令检查、诫勉或者组织处理,免予党纪处分。

《中国共产党纪律处分条例》第七十五条第一款列举了选举工作的违规行为:"有下列行为之一的,给予警告或者严重警告处分;情节较重的,给予撤销党内职务或者留党察看处分;情节严重的,给予开除党籍处分:(一)在民主推荐、民主测评、组织考察和党内选举中搞拉票、助选等非组织活动的;(二)在法律规定的投票、选举活动中违背组织原则搞非组织活动,组织、怂恿、诱使他人投票、表决的;(三)在选举中进行其他违反党章、其他党内法规和有关章程活动的。"

《中国共产党问责条例》第八条第一款规定:"对党组织的问责,根据危害程度以及具体情况,可以采取以下方式:(一)检查。责令作出书面检查并切实整改。(二)通报。责令整改,并在一定范围内通报。(三)改组。对失职失责,严重违犯党的纪律、本身又不能纠正的,应当予以改组。"根据本条的规定,"检查"适用的是由党的组织或纪检机关对履行职责不力、情节较轻的,应当责令其作出书面检查并切实整改。这里的"情节轻微",主要是指"损害和影响较小"。责令作出书面检查,是问责的一种方式。有过错行为的党组织写书面检查的过程,也是一种反省自身思想和行为的过程,可以找出行为过错在思想层面的根源,有利于切实整改。责令作出书面检查只是手段,最终目的是要切实整改。责令作出书面检查也是整改的一部分，如果通过作书面检查都认识不深刻，是不可能切实整改到位的。责令切实整改，是对过错行为的纠正和制止，目的在于恢复原状，具有事后的救济性。如果有过错行为的党组织作出书面检查后不切实整改的，就要受到其他形式的问责。改组是对严重违纪的党组织采取的一种纪律处理措施，适用于严重违纪但本身又不能纠正的党组织。党章第四十四条规定："党组织如果在维护党的纪律方面失职，必须问责。""对于严重违犯党的纪律、本身又不能纠正的党组织，上一级党的委员会在查明核实后，应根据情节严重的程度，作出进行改组或予以解散的决定，并报再上一级党的委员会审查批准，正式宣布执行。"根据这一规定，对于党组织的处分，最为严重的是予以解散，其次为改组。《中国共产党纪律处分条例》第九条和第十六条作了进一步的阐述。其中，第九条规定："对于违犯党的纪律的党组织，上级党组织应当责令其作出检查或者进行通报批评。对于严重违犯党的纪律、本身又不能纠正的党组织，上一级党的委员会在查明核实后，根据情节严重的程度，可以予以：（一）改组；（二）解散。"第十六条规定："对于受到解散处理的党组织中的党员，应当逐个审查。其中，符合党员条件的，应当重新登记，并参加新的组织过党的生活；不符合党员条件的，应当对其进行教育、限期改正，经教育仍无转变的，予以劝退或者除名；有违纪行为的，依照规定予以追究。"根据《中国共产党纪律处分条例》第十五条的规定，对受到改组处理的党组织领导机构成员，分为两种情况进行处理：一种情况是对党组织严重违纪承担直接责任或者主要领导责任、应当受到撤销党内职务以上处分的党组织领导机构成员，应当视情况分别给予其撤销党内职务以上（含撤销党内职务）处分；另一种情况是虽然对党组织严重违纪也承担一定责任，但尚不够给予撤销党内职务处分的，均自然免职，不再担任党组织领导机构成员职务。

《中国共产党问责条例》第八条第二款规定："对党的领导干部的问责，根据危害程度以及具体情况，可以采取以下方式：（一）通报。进行严肃批评，责令作出书面检查、切实整改，并在一定范围内通报。（二）诫勉。以谈话或者书面方式进行诫勉。（三）组织调整或者组织处理。对失职失责、危害较重，不适宜担任现职的，应当根据情况采取停职检查、调整职务、责令辞职、免职、降职等措施。（四）纪律处分。对失职失责、危害严重，应当给予纪律处分的，依照《中国共产党纪律处分条例》追究纪律责任。"

根据《中国共产党问责条例》的规定，对党的领导干部的问责共有4种方式。其中，通报作为对党的领导干部的问责方式，主要适用于"对履行职责不力的"。通报前应当对被问责人进行严肃批评，并责令其依规整改。对党的领导干部的通报与对党组织的通报目的类似，都是为了整改。诫勉，主要针对党员领导干部存在虽不构成违纪但造成不良影响，或者虽构成违纪但根据有关规定免予党纪处分的问题，由党组织对其进行谈话或书面方式诫勉。其目的是对党员领导干部进行教育、提醒、警示，意在纠正党的领导干部"不良倾向"，防止其违纪违法，走入歧途。

对党组织和党的领导干部的问责方式

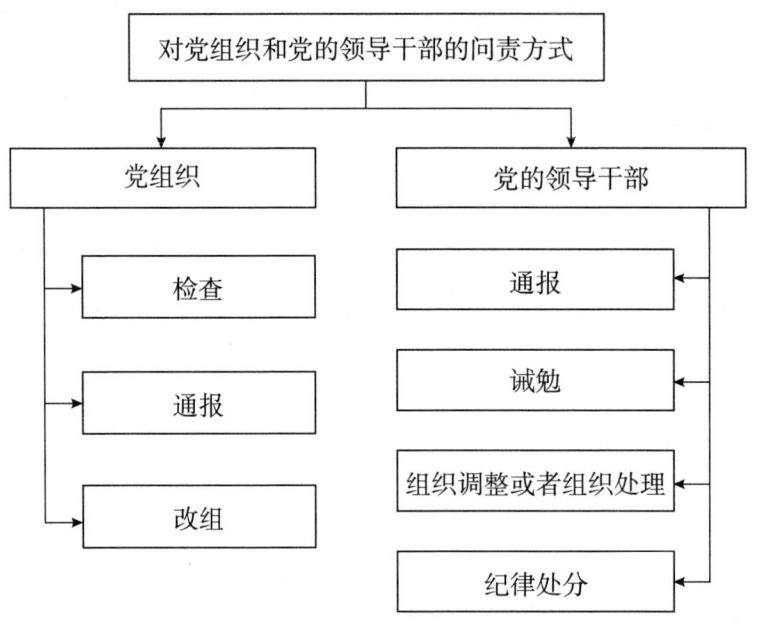

组织调整或组织处理有不同的形式，主要包括停职检查、调整职务、责令辞职、免职、降职等措施。停职检查，即暂时停止履行职务，检查反省问题。调整职务，即调离现工作岗位。责令辞职，即任免机关认定其已不再适合担任现职，责令其辞去现任领导职务。免职，即免去或者建议免去担任的党内外领导职务。降职，即对不适宜担任现职的领导干部，予以降低职务使用。

根据党章和《中国共产党纪律处分条例》的规定，对党员的纪律处分种类有5种：警告、严重警告、撤销党内职务、留党察看、开除党籍。这5种处分是按照由轻到重排列的。

如果党组织或党员在选举中有涉嫌犯罪的，要按照有关法律规定处理。

延伸阅读

如何把握组织处理与党纪处分的关系？

组织处理与党纪处分既有联系，也存在明显区别。

（1）组织处理是指党组织按照干部管理权限，对涉嫌违犯党纪的党员干部，进行必要的岗位、职务调整的组织措施。对有证据证明违纪问题明显，但短时间难以完全查清的，根据情况可对被审查党员先行采取组织处理措施：不宜在现岗位继续工作的，可予以调整；不宜继续担任领导职务的，可予以免职。审查终结后，根据审查情况，可以建议给予被审查人调整职务、责令辞职、免职、降职等组织处理。

（2）党纪处分是指党员存在违反《中国共产党章程》和其他党内法规，违反国家法律法规，违反党和国家政策，违反社会主义道德，危害党、国家和人民利益的行为，依照规定需要受到党组织的纪律处分，具体包括警告、严重警告、撤销党内职务、留党察看、开除党籍等五种。给予党员党纪处分必须查清违纪事实同时履行规定的程序，达到"事实清楚、证据确凿、定性准确、处理恰当、手续完备、程序合规"的要求。

（3）工作中，要深化运用监督执纪"四种形态"，善于运用纪律处分、组织处理、谈话提醒、诫勉谈话、批评教育等多种方式处理案件，实现处理效果的最大化。

不允许以组织处理代替纪律处分,或者以纪律处分代替组织处理。

(摘编自《中国纪检监察报》2019年8月21日,作者:钟纪晟)

把严肃换届纪律摆在突出位置

换届选举是党的组织工作的一件大事。从2021年开始,省市县乡领导班子将陆续开始集中换届。换届选举的风气如何,直接关系到换届成败,关系到能否选出一个合格的领导班子,关系到一个地区的发展稳定。

我们一定要从增强"四个意识"、坚定"四个自信"、做到"两个维护"的政治高度,自觉以习近平总书记重要指示精神统领和指导换届选举工作,使换届的过程成为用习近平新时代中国特色社会主义思想武装党员干部、团结凝聚广大群众的过程。各级党组织要按照党中央的统一部署,周密谋划安排、精心组织实施、严明纪律规矩,确保选出好干部、配出好班子、树出好导向、形成好气象。总的来讲,把严肃换届纪律摆在突出位置,要做到严教育、严监督、严惩处,始终以最坚决的态度和最有力的措施确保换届工作顺利进行。

严教育就是要坚持教育在先、警示在先、预防在先,让党的政治纪律、组织纪律和换届纪律深入人心。采取多种方式，广泛宣传换届选举的纪律要求，明确违反换届纪律的具体情形，让党员群众知晓哪些行为合法、哪些行为违法。提醒督促领导干部带头严守换届纪律，加强对参与换届选举工作人员、参与选举人员的纪律意识和法治观念教育。充分发挥典型案例的警示教育作用，引导党员干部自觉严守换届纪律，采取合法正当方式有序参与选举。增强换届选举工作的前瞻性和针对性，把相关工作做在会前，对可能出现的问题，提前做好预案。及时了解掌握本地换届选举工作情况，加强与上级党委组织部门的联系，重要情况要及时报告。

严监督就是要加大督查力度，拓宽监督渠道，充分发挥组织监督、巡视监督和群众监督的作用，把换届选举工作置于有效监督之下。建立健全事前、事中、事后的全流程防控体系，针对候选人提名、投票选举等敏感环节，分析设置违纪违法风险防范点，进行全方位监督。畅通电话、信访、网络、短信等监督渠道，及时受理违反换届纪律的举报，实时监测和了解换届风气情况。

严惩处就是要强化执纪问责，以"零容忍"的态度惩治违反换届纪律问题。要认真落实换届风气问责制度，对换届风气不正、换届纪律松弛，换届选举出现非组织活动、造成恶劣影响的，严肃追究党委和有关部门主要领导责任，始终保持整治不正之风的高压态势。对说情打招呼、拉票贿选、跑官要官、破坏选举等违规违纪违法行为露头就打，发现一起查处一起，绝不姑息。同时，对查处的违反换届纪律案例，及时进行通报曝光。

（摘编自《学习时报》2021年1月11日，作者：陈秋贵）

严明换届纪律　严肃换届风气

2021年开始，地方各级领导班子陆续进行换届，集中换届往往是选人用人不正之风的易发多发期，是党风廉政建设重要关口。

2021年1月印发的《关于严肃换届纪律加强换届风气监督的通知》，针对此次换届工作，从主体责任落实、纪律规定执行、思想政治教育、违纪违法问题查处、监督指导跟进等各方面提出了明确要求，为严明换届纪律、严肃换届风气提供了有力的工作抓手。其中，对换届期间可能出现的违纪违法问题进行了梳理和细化，明确了"十个严禁"，即"严禁结党营私；严禁拉票贿选；严禁买官卖官；严禁跑官要官；严禁个人说了算；严禁说情打招呼；严禁违规用人；严禁跑风漏气；严禁弄虚作假；严禁干扰换届"；对有关行为的处理提出了具体要求，如"对通过宴请、安排消费活动，快递邮寄、电子红包、网上转账等方式赠送礼品礼金，以及打电话、发信息、当面拜访、委托他人出面等形式，在民主推荐和选举中搞拉票、串联、助选等非组织活动的，一律排除出人选名单或者取消候选人资格，并视情节轻重给予党纪政务处分，贿选的依法处理"等。

换届期间发生的违纪违法案件大都具有社会关注度高，窝案、串案比例高，涉案人员社会地位高等特点，这就要求必须严肃查处，积极回应社会关切，注重实现政治效果、纪法效果和社会效果的统一；在定性处理上不能简单地"对号入座"，而是站在政治和全局的高度更加灵活地运用政策。

案件查处做到"快"，坚决严肃、扎实稳妥做好案件查处工作。严肃查处违规违纪行为，是整治用人不正之风最有威慑力的手段。拉票贿选、买官卖官等行为虽然只是个别现象，但往往会让人们质疑整个换届工作。对这类案件的处理，要在保证案件质量的前提下，以最短的时间尽快结案并拿出处理意见，澄清公众疑虑，保证换届工作的顺利开展，维护党和政府的形象。

性质认定做到"准"，从政治上准确认定违纪违法问题性质。换届纪律虽然属于组织纪律的内容，但关系到一个地方和部门的政治生态，政治性极强，对集中换届中出现的拉票贿选等违反组织纪律问题，一般应从违反政治纪律的高度予以认定。

政策运用做到"活"，立足本地区本部门政治生态深化运用"四种形态"。要将具体个案的处理放在当地的政治生态中、放在全面从严治党的大局中把握。在准确认定被审查调查人违纪行为的情节和性质的基础上，综合考虑是否存在严重违反政治纪律和政治规矩问题、违纪时间节点、事实和性质、后果和影响、配合审查及认错悔错态度、退缴违纪所得情况、处理结果可能产生的影响、被审查人所在单位党组织意见、所在地区其他干部违纪处理情况等因素，慎重稳妥、准确把握政策策略。在把握形态转化时，要根据不同的政治生态环境，具体问题具体分析，实事求是综合考量。如果违纪行为严重、性质恶劣，就应从重处理。

处分执行做到"实",做实做细案件"后半篇文章"。对换届期间违纪违法案件的处理,绝不能仅作出处分决定就算完成任务,要规范执行工作,保证对违纪违法者的处理落到实处,从而起到正风肃纪、正本清源的良好效果。加强对受处分人员教育管理,强化各级党组织对受处分人员教育帮扶的主体责任,坚持定期跟踪回访,让犯错误的同志切实感受到组织的温暖,增强他们认错改错、干事创业的动力和信心。深入开展警示教育,推进以案促改,推动案发地区、单位有针对性地制定或完善有关制度机制和廉政风险防控措施,织密管党治党的制度笼子。

(摘编自《中国纪检监察》杂志2021年第8期,作者:沈释)

第八章　附则

新条例的第八章是附则，对新条例的实施作出了一系列规定。附则是相对于总则和分则而言的，是关于条例内容的附属性规定，是条例中用来对某些事项进行补充和说明的部分。它的具体内容包括授权规定、有关问题的解释权和实施日期等。与原条例附则一样，修订后的附则仍是4条，即第四十六条至第四十九条。除修改了施行时间，还删除了"过去有关党的地方组织选举工作的规定与本条例不一致的，按本条例执行"的表述。

一、关于党的地方各级组织制定具体选举办法的授权和要求

【新条例】第四十六条　党的地方各级组织的选举，应当根据本条例制定具体选举办法，经半数以上应到会选举人同意后实施。

【原条例】第四十三条　党的地方各级组织的选举，应根据本条例制定具体选举办法，经半数以上应到会选举人同意后实施。

本条是关于党的地方各级组织制定具体选举办法的授权和要求的规定。此次修订，将"应"修改为"应当"，其他未作修改。

选举办法，是选举工作的准则。制定选举办法，既是选举工作中的一项重要内容，也是会议的一项重要议程。不论是哪个层次的地方委员会选举，都要有相应的选举办法。

选举办法是依据本条例来制定的，一般来说主要包括11项内容。

选举办法的主要内容

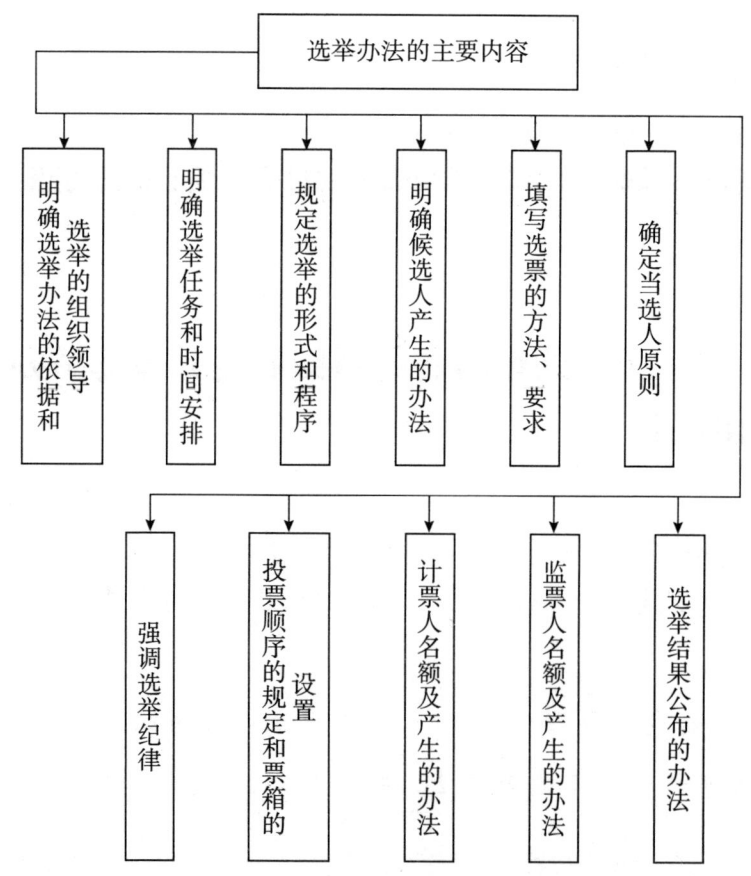

党章第二十五条规定,党的地方各级代表大会代表的名额和选举办法,由同级党的委员会决定,并报上一级党的委员会批准。在程序上,选举办法要经半数以上应到会选举人同意后才能实施。

二、关于民族自治地方党组织采取某些变通办法的授权和要求

【新条例】第四十七条　民族自治地方党组织执行本条例需要采取某些变通办法的,应当报上级党组织批准。

【原条例】第四十四条　民族自治地方党组织执行本条例需要采取某些变通办法的,应报上级党组织批准。

本条是关于民族自治地方党组织执行本条例采取某些变通办法的授权和要求的规定。此次修订,只作了一些文字上的改动,将"应"改为"应当",其他未作修改。

我国是全国各族人民共同缔造的统一的多民族国家。多民族是我国的一大特色,也是我国发展的一大有利因素。按照宪法和《中华人民共和国民族区域自治法》的规定,各少数民族聚居的地方实行区域自治,设立自治机关,行使自治权。民族区域自治是中国共产党运用马克思列宁主义解决我国民族问题的基本政策,是国家的一项基本政治制度。民族区域自治是在国家统一领导下,各少数民族聚居的地方实行区域自治,设立自治机关,行使自治权。实行民族区域自治,体现了国家充分

尊重和保障各少数民族管理本民族内部事务权利的精神，体现了国家坚持实行各民族平等、团结和共同繁荣的原则。实行民族区域自治，对发挥各族人民当家作主的积极性，发展平等、团结、互助、和谐的社会主义民族关系，巩固国家的统一，促进民族自治地方和全国社会主义建设事业的发展，都起了巨大的作用。

【重点难点提示】

团结统一是国家的最高利益，是各族人民的共同利益，是实行民族区域自治的前提和基础。没有国家团结统一，就谈不上民族区域自治。同时，要在确保国家法律和政令实施的基础上，依法保障自治地方行使自治权，给予自治地方特殊支持，解决好自治地方特殊问题。民族区域自治，既包含了民族因素，又包含了区域因素。民族区域自治不是某个民族独享的自治，民族自治地方更不是某个民族独有的地方。

我国幅员辽阔，地区间经济、文化发展不平衡。党内法规是面向全党的，难以完全照顾到民族自治地方的特殊情况，党的地方组织选举工作的有些具体规定可能不完全适合民族自治地方的一些特殊情况，因此，应当允许各民族自治区域根据当地民族的政治、经济和文化的特点，在不违反党章和本条例基本原则的前提下，为贯彻实施本条例而制定变通办法。

本条的规定既体现了党章"党是根据自己的纲领和章程，

按照民主集中制组织起来的统一整体"的原则,也符合我国民族自治的实际情况。

本条的规定有以下两层含义。

第一,制定变通办法的原则。民族自治地方根据本条的授权,可以制定变通办法,但一定要遵循党章和本条例的原则,不得与之相抵触。

党章对党的性质和宗旨、路线和纲领、指导思想和奋斗目标、组织原则和组织机构、党员义务权利以及党的纪律等作出根本规定。党章是最根本的党内法规,是制定其他党内法规的基础和依据。党章的各项原则和规定必须得到全面的遵守和执行。因此,党章的规定是不能变通的,否则,就无法维护党的统一。

《中国共产党地方组织选举工作条例》是党的地方组织选举工作的专门的党内法规,制定变通办法,也不能违反该条例的基本原则。如果对党的地方组织选举工作基本原则作出变通,就是对整个条例的否定,当然更谈不上《中国共产党地方组织选举工作条例》在民族自治区域内的遵守和执行,这是违背本条的立规原意的。

制定变通办法,要结合当地民族的具体情况,符合民族自治区域各民族的根本利益,做到符合实际,行之有效。

第二,制定变通办法的要求。对本条例的变通办法的制定机关是民族自治地方党组织。民族自治地方党组织制定的变通办法,应当报上级党组织批准。

三、关于新条例的解释权

【新条例】第四十八条　本条例由中央组织部负责解释。

【原条例】第四十五条　本条例由中共中央组织部负责解释。

本条是关于新条例解释权的规定。此次修订，使用中共中央组织部的简称"中央组织部"。

《中国共产党党内法规制定条例》第三十四条第一款规定："党内法规需要进一步明确条款具体含义或者适用问题的，应当进行解释。中央党内法规由党中央或者授权有关部委解释，中央纪律检查委员会以及党中央工作机关和省、自治区、直辖市党委制定的党内法规由制定机关解释。"根据本条的规定，新条例由中央组织部负责解释。新条例由中共中央发布，但具体工作都是由中央组织部承担的，因此中共中央授予中央组织部解释权是适宜的。

这种解释权就是中央组织部针对在学习理解和实施条例的过程中遇到的相关问题，依据相关党内法规通过批复、答复、复函等形式解释的权力。

需要指出的是，党内法规的解释同党内法规具有同等效力。

四、关于新条例的施行时间

【新条例】第四十九条　本条例自发布之日起施行。

【原条例】第四十六条 本条例自发布之日起实施。过去有关党的地方组织选举工作的规定与本条例不一致的,按本条例执行。

本条是关于新条例时间效力的规定。

此次修订,删除了"过去有关党的地方组织选举工作的规定与本条例不一致的,按本条例执行。"根据《中国共产党党内法规制定条例》第三十三条的规定,同一制定机关制定的党内法规,一般规定与特别规定不一致的,适用特别规定;旧的规定与新的规定不一致的,适用新的规定。因此,当新修订的《中国共产党地方组织选举工作条例》发布后,过去有关党的地方组织选举工作的规定与本条例不一致的,自然应当按新修订的《中国共产党地方组织选举工作条例》执行。

《中国共产党地方组织选举工作条例》的时间效力,是指该条例的生效和失效时间以及是否具有溯及既往的效力。根据本条的规定,新条例的生效时间自发布之日起施行。新条例是2020年12月28日中共中央发布的,因此从这一天起就生效了。2020年12月28日以后的党的地方组织的选举工作,都应当适用新条例的有关规定。本条虽然没有规定,但是如果将来还有更新的《中国共产党地方组织选举工作条例》正式颁布,从而取代了本条例的情况,则应当认为本条例的效力终止。此外,由于新条例在原条例基础上有了很多新规定,所以,从2020年12月28日起,1994年1月26日中共中央发布的《中国共产党地方组织选举工作条例》同时废止。

深刻理解党内法规的法治体系属性和政党制度属性

党内法治：党内法规的法治体系属性

党的十八届四中全会创新性地提出依法执政包括两个方面，一是要求党依据宪法法律治国理政，二是要求党依据党内法规管党治党，即"全面推进依法治国，总目标是建设中国特色社会主义法治体系，建设社会主义法治国家。这就是，在中国共产党领导下，坚持中国特色社会主义制度，贯彻中国特色社会主义法治理论，形成完备的法律规范体系、高效的法治实施体系、严密的法治监督体系、有力的法治保障体系，形成完善的党内法规体系……"党内法规因而具备法治属性，这是法治中国的独有特征，也开创"党内法治"的先河。

党内法规的法治属性并不是强调党内法规与国家法律的混同，也不是强调党内法规能够替代国家法律或者凌驾于国家法律之上，而是要着重说明这样一个事实：作为依规治党准绳的党内法规要善于运用法治思维、法治方式、法治技术提升其制度质量，保障党内法规的科学性与规范性。法治思维要求各级党组织和党员要把党内法规作为管党治党的制度遵循，要树立党章为本原则，坚持培养以党章党内法规作为党的各项建设、处理党务、维护党纪、树立党的权威的制度意识。法治方式要求强化党内法规的规范特性，立规科学、执规从严、督规全面、守规自觉，注意党内法规的程序性与实效性，保障党内法规立得住、行得通、切实管用，避免"牛栏关猫"现象的出现。法治技术保障党内法规符合规范性的法治要求：一是立规主体特定，防止主体泛化；二是术语规范，党章、准则、条例、规定、办法、规则、细则等名称专属；三是条款规范，编、章、节、条、款、项、目符合规范技术要求；四是审批和发布形式特定，彰显党内法规的实效性与权威性。

党内规范：党内法规的政党制度属性

党内法规作为一种政党制度，是中国特色社会主义政党的一种内部正式规范，既有别于党内规范性文件，也有别于政党外部规范。理解党内法规的政党制度属性需要先厘清党务实践中常用的"党规""党内规矩""党纪"这几个关联性概念的内涵。政党内部规范可以称为"党规"，由权威党内机关制定的党内法规和党内规范性文件两部分构成。"党规"是由权威机关发布的正式规范，而另一个概念"党内规矩"是党组织、党员干部必须遵循的刚性约束规范的总称。党内规矩包容性广泛，既包括党章这一总规矩，也包括了党的纪律这一硬性约束，还包括国家法律和非成文性的党的优良传统和工作惯例。党内法规与党内规矩存在交集，但外延不一致。党的纪律常称为"党纪"，既有成文的，也有不成文的，偏重党规中的义务性规定，根据十九大党章，党的纪律主要包括政治纪律、组织纪律、廉洁纪律、群众纪律、工作纪律、生活纪律，所以党纪与党内法规存在交叉关系。

除此之外，党外领域还存在着一些调整政党、社会和国家之间关系的政党外部规范，这个领域既包括了政党外部的道德伦理规范、各国政党间的国际惯例，还有国家法律中的政党制度规范等。其中不具有强制性的道德伦理规范和国际惯例不能直接适用于政党成员，但可通过规范转化形式由政党吸纳为党内规范。具有强制性的国家法律中的政党规范同样归属中国特色的政党制度范畴，也要一体遵守。《中国共产党章程》明确规定"党必须在宪法和法律的范围内活动"。"党员要自觉遵守党的纪律，模范遵守国家的法律法规"。中国的政党法律规范分别散见宪法和基本法律之中，突出强调了党领导下的法治建设原则。政党内部规范与外部规范共同构成了中国特色的政党制度体系，而党内法规隶属于中国共产党的政党内部规范，并且是由权威机关制定的正式规范，这是党内法规的制度定位。

（摘编自《检察日报》2019年12月3日，原标题为《深刻理解党内法规的三重属性》，作者：王立峰）

学好党内法规　增强党性观念

治党务必从严，从严必重法度。党内法规是党员特别是领导干部的基本遵循和行为规范，只有学习法规、敬畏法规、遵守法规、用好法规，才能在增强先进性、保持纯洁性上做得更加自觉。

以习近平同志为核心的党中央始终把依法依规治党作为全面从严治党的重要内容统筹谋划和部署，全方位推进党内法规制度体系建设取得历史性成就，制定颁发了一大批党内法规，既进一步凸显了法规制度在党的建设中的基础性地位，也为全面从严治党向纵深发展提供了根本保障。

抓好党内法规学习，首先要解决认识问题。要充分认识到，加强党内法规建设，是全面从严治党的必然要求，是管党治党的重要方面，是一项长期的任务。近年来，党内相继出台一系列法规制度，这充分说明在今后党的建设中必将在思想建党、理论强党的同时，更加注重用法规制度管党治党。党员特别是领导干部必须勤于和善于学习法规，用法规要求自己、管束自己、检视自己，绝不能认为学习了解党内法规是权宜之计、一时之需，认为主题教育一过，即告结束。在学习和掌握法规的同时，还要养成依据法规思维、坚持依法行事的习惯，做到每出台一部法规就及时跟进学习，把学习掌握法规作为成为一名合格党员的基本要求，当成思想先进、政治合格的必备条件。只有从这样的高度来认识，才能把学习法规、熟知法规、掌握法规重视起来。

其次要把学习理论与学习法规统一起来。有的同志觉得党内法规太多，学不过来，在有限的时间内学好党的创新理论就行了。这种看法是不对的，尽管制定党内法规坚持以党的创新理论为指导，许多法规内容在党的创新理论最新成果中已经有所体现，但二者不能等同，党的创新理论中相关要求是原则性、指导性的，而法规则是具体的、规范性的，比如对违法违规行为的处罚，法规就相对具体而明确。所以我们不能以学习党的创新理论来替代学习法规，时间再紧张，工作再繁重，都要挤出时间系统地而不是零碎地、认真地而不是草率地学习，真正做到心中有法规，行为合法规，工作依法规。

　　最后要加大贯彻执行法规的力度。立法只是法治建设的一部分，重点在于执行。只有执行有力，落实到位，才能取得良好的效果。党的十八大以来，党中央始终保持"作风建设永远在路上"的韧劲，坚持依法管党治党，凡是法规中有要求的，就坚决执行，决不打折扣；凡是违犯法规的行为，就坚决处理，决不留情面。可以说，近年来党风政风快速而明显好转，一个重要方面就得益于有法可依、有法必依、执法必严、违法必究，使法规产生了强大的约束力和威慑力。这要求我们在学好法规的同时，更要切实做到依法而行，坚持尊法规、守法规、用法规，而不能学归学做归做，更不能心怀侥幸明知故犯。只有把学习法规、懂得法规和敬畏法规、遵守法规、践行法规结合起来，才能做一名称职的党员领导干部。

　　（摘编自《解放军报》2019年7月19日，作者：孔凡铜）

附　录

中国共产党地方组织选举工作条例

（1993年12月16日中共中央政治局常委会会议审议批准　1994年1月26日中共中央发布　2020年12月11日中共中央政治局会议修订　2020年12月28日中共中央发布）

第一章　总　则

第一条　为了深入贯彻习近平新时代中国特色社会主义思想，贯彻落实新时代党的建设总要求和新时代党的组织路线，坚持和加强党的全面领导，坚持党要管党、全面从严治党，健全党的民主集中制，完善党内选举制度，加强党的地方组织建设，提高党的执政能力和领导水平，根据《中国共产党章程》和有关党内法规，制定本条例。

第二条　本条例适用于党的省、自治区、直辖市，设区的市和自治州，县（旗）、自治县、不设区的市和市辖区的代表大会及其委员会，以及党的地方纪律检查委员会的选举工作。

第三条　党的地方各级组织任期届满，应当按期进行换届选举。如需延期或者提前换届选举，应当经上一级党的委员会批准。延长期限不得超过1年。

第四条　党的地方各级代表大会代表，委员会委员和候补委员、常务委员会委员，纪律检查委员会委员、常务委员会委员实行差额选举。

党的地方各级委员会和纪律检查委员会书记、副书记实行等额选举。

第五条　选举应当充分发扬民主，尊重和保障选举人的民主权利，体现选举人的意志。任何组织和个人不得以任何方式强迫选举人选举或者不选举某个人。

第六条 选举采用无记名投票方式。

第七条 选举可以直接采用候选人数多于应选人数的差额选举办法进行正式选举；也可以先采用差额选举办法进行预选，产生候选人名单，然后进行正式选举。

第二章　代表的产生

第八条 党的地方各级代表大会代表应当是党员中的优秀分子，认真贯彻执行党的基本理论、基本路线、基本方略，自觉增强"四个意识"、坚定"四个自信"、做到"两个维护"，牢记党的初心和使命，密切联系党员和人民群众，发挥模范带头作用，遵守党章党规党纪和宪法法律法规，按照党性原则办事，具有履行代表职责的能力。

第九条 党的地方各级代表大会代表的名额，由召开代表大会的党的委员会全体会议，按照有利于充分发扬党内民主、有利于讨论决定问题和代表具有广泛性的原则确定，报上一级党的委员会批准。

党的省、自治区、直辖市代表大会代表名额，一般为400至800名。

设区的市和自治州代表大会代表名额，一般为300至500名。

县（旗）、自治县、不设区的市和市辖区代表大会代表名额，一般为200至400名。

所辖党组织数量和党员人数较多或者较少的，可以适当增加或者减少代表名额。

第十条 党的地方各级代表大会代表的选举单位，一般按照党的下一级地方组织或者基层组织划分。党的地方各级委员会派出的机关工作委员会、街道工作委员会等，经同级党的委员会批准，可以划分为选举单位。

第十一条 代表名额的分配由召开代表大会的党的委员会按照所辖党组织数量、党员人数和工作需要确定。

第十二条 党的地方各级代表大会代表中应当有各级领导干部、各类专业技术人员、各条战线先进模范人物、中国人民解放军、中国人民武装警察部队等各方面的代表。

代表构成的指导性比例由召开代表大会的党的委员会根据实际情况确定。确保生产和工作一线代表比例，工人、农民代表应当有一定数量。女代表占代表总数的比例一般不少于本地区女党员占党员总数的比例。民族自治地方少数民族代表占代表总数的比例一般不少于本地区少数民族党员占党员总数的比例。

党的省、自治区、直辖市代表大会代表中，生产和工作一线代表占代表总数的比例一般不少于30%，其中应当有一定比例的各类专业技术人员、各条战线先进模范人物。

第十三条 党的地方各级代表大会代表候选人的差额比例，不少于20%。

第十四条 党的地方各级代表大会代表的产生，采取自下而上、上下结合、反复酝酿、逐级遴选的办法进行。主要程序是：

（一）选举单位按照分配的名额，组织所辖党组织从党支部开始推荐提名，经过充分酝酿协商，根据多数党组织或者多数党员的意见提出代表候选人推荐人选；

（二）选举单位就代表候选人推荐人选与上级党组织进行沟通，提出代表候选人初步人选考察对象并进行考察，严格审核把关，集体研究确定代表候选人初步人选，并在一定范围内公示，公示期不少于5个工作日；

（三）选举单位召开党的委员会全体会议确定代表候选人预备人选，报召开代表大会的党的委员会审查；

（四）选举单位召开党员大会或者代表大会或者代表会议，对代表候选人预备人选进行充分酝酿，根据多数选举人的意见确定候选人，进行选举，选出的代表报召开代表大会的党的委员会审批。

代表大会召开前，由同一选举单位选出的代表出缺数量较多的，根据工作需要，可以按照上述程序进行补选。

第十五条 党的地方各级委员会在代表大会召开前，负责对代表的产生程序和代表资格进行初步审查。

党的地方代表大会成立的代表资格审查委员会在听取党的委员会的审查情况报告后，提出代表资格审查报告。经大会预备会议或者大会主席团通过的代表，获得正式资格。

第三章　委员会委员的产生

第十六条 党的地方各级委员会委员、候补委员和纪律检查委员会委员候选人的提名，必须贯彻干部队伍革命化、年轻化、知识化、专业化方针，坚持信念坚定、为民服务、勤政务实、敢于担当、清正廉洁的新时期好干部标准，坚持德才兼备、以德为先、任人唯贤的原则和结构合理的要求。

第十七条 党的地方各级委员会候补委员人数，一般不少于委员、候补委员总数的15%。

第十八条 党的地方各级委员会委员、候补委员和纪律检查委员会委员候选人的差额比例，不少于10%。

第十九条 党的地方各级委员会委员、候补委员和纪律检查委员会委员产生的程序是：

（一）党的委员会全体会议确定下届委员会、纪律检查委员会组成的原则；

（二）常务委员会按照干部选拔任用等有关规定，组织酝酿和推荐，在广泛听取意见的基础上，提出候选人初步人选；

（三）党的委员会组建考察组对候选人初步人选进行考察，突出政治标准，强化政治素质考察，严格审核把关；

（四）常务委员会根据考察情况确定候选人预备人选，报上一级党的委员会审批；

（五）大会主席团审议候选人预备人选，提请各代表团充分酝酿，根据多数选举人的意见确定候选人，由大会进行选举。

第二十条　党的地方各级委员会委员、候补委员一般应当分别选举，先选举委员，再选举候补委员。委员候选人落选后，可以作为候补委员候选人。也可以实行委员、候补委员一并选举，在获得赞成票超过应到会人数半数的候选人中，按照得票多少，先取足委员，再取足候补委员。

第四章　常务委员会委员和书记、副书记的产生

第二十一条　党的地方各级委员会和纪律检查委员会常务委员会委员候选人数，应当分别多于应选人数1至2人。

第二十二条　党的地方各级委员会和纪律检查委员会常务委员会委员和书记、副书记产生的程序是：

（一）常务委员会提出候选人预备人选，报上一级党的委员会审批；

（二）新选举产生的党的委员会和纪律检查委员会分别召开全体会议，对候选人预备人选进行充分酝酿，根据多数委员的意见确定候选人；

（三）党的委员会和纪律检查委员会全体会议进行选举时，先选举常务委员会委员，再选举书记、副书记。

第二十三条　党的地方各级纪律检查委员会全体会议选举产生的常务委员会委员和书记、副书记，需经同级党的委员会全体会议通过。

第五章　选举的实施

第二十四条　代表大会选举时，参加人数超过应到会人数的半数，方能进行选举。委员会全体会议选举时，参加人数超过应到会人数的三分之二，方能进行选举。

第二十五条　代表大会选举工作中的重大问题，由大会主席团集体讨论决定。

代表大会的选举工作由大会主席团常务委员会主持。

大会主席团成员一般占代表人数的10%左右，由党的委员会或者各代

表团从代表中提名，经大会预备会议表决通过。大会主席团常务委员会委员由党的委员会提名，经大会主席团会议表决通过。

第二十六条　党的地方各级委员会和纪律检查委员会第一次全体会议的选举，由大会主席团各委托1名新当选的委员主持。

第二十七条　大会主席团或者选举单位党组织应当实事求是地向选举人介绍候选人的有关情况，并对选举人提出的询问作出负责的答复。

第二十八条　代表大会选举设总监票人1名，必要时也可以设副总监票人1名；设监票人若干名。监票人由各代表团从不是候选人的选举人中推荐，总监票人、副总监票人由大会主席团常务委员会从监票人中提名，经大会主席团或者大会表决通过。

党的地方各级委员会和纪律检查委员会第一次全体会议的选举设监票人若干名。监票人由会议主持人从不是候选人的委员中提名，经选举人表决通过。

第二十九条　选举设计票人若干名。计票人由大会秘书长或者委员会第一次全体会议的主持人指定，在监票人的监督下工作。

第三十条　选票上的代表、委员、候补委员、常务委员会委员候选人名单按照姓氏笔画为序排列，书记、副书记候选人按照上级党的委员会批准的顺序排列。

第三十一条　选举人不能填写选票的，可以由本人委托非候选人按照选举人的意志代为填写。

因故未出席会议的选举人，不能委托他人代为投票。

第三十二条　选举人对候选人可以投赞成票，可以投不赞成票，也可以弃权。投不赞成票者可以另选他人。

第三十三条　投票结束后，监票人、计票人应当将投票人数、发出选票数和收回选票数加以核对，作出记录，由监票人签字并报告被选举人的得票数。

第三十四条　选举收回的选票数，等于或者少于发出的选票数，选举有效；多于发出的选票数，选举无效，应当重新选举。

每张选票所选的人数，等于或者少于规定应选人数的为有效票，多于规定应选人数的为无效票。

第三十五条 差额预选时，可以集中投票，也可以分代表团投票，由大会统一计票。

第三十六条 正式选举时，被选举人获得赞成票超过应到会有选举权人数半数的，始得当选。获得赞成票超过半数的被选举人数多于应选名额时，以得票多少为序，至取足应选名额为止；如遇票数相等不能确定当选人时，一般应就票数相等的被选举人再次投票，得票多的当选。获得赞成票超过半数的被选举人数少于应选名额时，不足的名额可以从未当选的得票多的被选举人中重新选举；如果接近应选名额，经半数以上选举人同意或者大会主席团决定，也可以不再选举。

预选时，获得赞成票超过应到会有选举权人数半数的候选人，方可列为正式候选人；确定正式候选人，原则上以得票多少为序。如遇票数相等不能确定正式候选人或者获得赞成票超过半数的被选举人少于、接近应选名额时，按照正式选举时的相应办法处理。

第三十七条 被选举人得票情况，预选时由总监票人向大会主席团报告；正式选举时由总监票人向选举人报告，当选人名单由会议主持人向选举人宣布。

报告得票情况，包括得赞成票、不赞成票、弃权票和另选他人等。

第三十八条 当选的党的地方各级代表大会代表、党的地方各级委员会委员、纪律检查委员会委员，其名单按照姓氏笔画为序排列。

当选的党的地方各级委员会候补委员，其名单按照得票多少排列，得票相等的按照姓氏笔画为序排列。

当选的党的地方各级委员会和纪律检查委员会常务委员会委员、书记、副书记，其名单按照上级党的委员会批准的顺序排列。

第六章　呈报审批

第三十九条 召开代表大会的请示，党的省、自治区、直辖市委员会一般于召开代表大会 4 个月前报党的中央委员会审批；其他党的地方委员会一般于召开代表大会 2 个月前报上一级党的委员会审批。请示的内容包括：代表大会召开的时间和大会议程；代表名额、差额比例，代表构成的指导性比例；党的委员会委员、候补委员和常务委员会委员名额、差额比例，书记、副书记名额；纪律检查委员会委员和常务委员会委员名额、差额比例，书记、副书记名额；选举办法。

第四十条 党的地方各级委员会委员、候补委员，常务委员会委员和书记、副书记候选人预备人选；纪律检查委员会委员，常务委员会委员和书记、副书记候选人预备人选，一般于召开代表大会 1 个月前报上一级党的委员会审批。

第四十一条 当选的党的地方各级委员会委员、候补委员，纪律检查委员会委员，报上一级党的委员会备案。

当选的党的地方各级委员会常务委员会委员和书记、副书记，纪律检查委员会常务委员会委员和书记、副书记，报上一级党的委员会批准。

第七章　纪律和监督

第四十二条 加强党对地方组织选举工作的领导，把纪律和规矩挺在前面，坚持教育在先、警示在先、预防在先，严肃政治纪律、组织纪律和换届纪律，引导党员和代表正确行使民主权利，保证选举工作健康有序。

落实全面从严治党责任，严禁拉帮结派、拉票贿选、说情打招呼、违规用人、跑风漏气、干扰换届等违规违纪违法行为，强化监督检查和责任追究，营造良好政治生态，确保选举风清气正。

第四十三条 本条例由党的中央委员会以及中央纪律检查委员会和地方各级委员会、纪律检查委员会负责监督实施，执行情况纳入巡视巡察监督工作内容。

第四十四条 党的地方各级代表大会的选举,如果发生违反党章的情况,上一级党的委员会在调查核实后,应当作出选举无效和采取相应措施的决定,并报再上一级党的委员会审查批准,正式宣布执行。

第四十五条 凡违反本条例规定,妨害选举人行使民主权利,或者对检举选举中违规违纪违法行为的人进行压制、打击报复的,应当根据问题的性质和情节轻重,对有关党组织或者党员给予处理处分,对失职失责的党组织和党的领导干部进行问责;涉嫌违法犯罪的,按照有关法律规定处理。

第八章　附　则

第四十六条 党的地方各级组织的选举,应当根据本条例制定具体选举办法,经半数以上应到会选举人同意后实施。

第四十七条 民族自治地方党组织执行本条例需要采取某些变通办法的,应当报上级党组织批准。

第四十八条 本条例由中央组织部负责解释。

第四十九条 本条例自发布之日起施行。

中国共产党地方委员会工作条例

（中共中央 2015 年 12 月 25 日印发）

第一章 总 则

第一条 为了落实全面从严治党要求，加强和改进党的地方委员会工作，提高党的执政能力和领导水平，促进党的执政目标的实现，根据《中国共产党章程》，制定本条例。

第二条 本条例适用于党的省、自治区、直辖市，设区的市和自治州，县（旗）、自治县、不设区的市和市辖区委员会及其常务委员会。

第三条 党的地方委员会在本地区发挥总揽全局、协调各方的领导核心作用，按照协调推进"四个全面"战略布局，对本地区经济建设、政治建设、文化建设、社会建设、生态文明建设实行全面领导，对本地区党的建设全面负责。

第四条 党的地方委员会工作必须遵循以下原则：

（一）坚持高举中国特色社会主义伟大旗帜，坚决贯彻党的理论和路线方针政策。

（二）坚持立党为公、执政为民，认真践行党的宗旨和群众路线。

（三）坚持解放思想、实事求是、与时俱进、求真务实，结合本地区实际创造性开展工作。

（四）坚持民主集中制，增强党的地方委员会领导集体活力和党的团结统一。

（五）坚持党要管党、从严治党，始终保持党的先进性和纯洁性。

（六）坚持在宪法和法律范围内活动，依据党章和其他党内法规履职尽责。

第五条　党的地方委员会主要实行政治、思想和组织领导，把方向、管大局、作决策、保落实：

（一）对本地区重大问题作出决策。

（二）通过法定程序使党组织的主张成为地方性法规、地方政府规章或者其他政令。

（三）加强对本地区宣传思想文化工作的领导，牢牢掌握意识形态工作领导权、话语权。

（四）按照干部管理权限任免和管理干部，向地方国家机关、政协组织、人民团体、国有企事业单位等推荐重要干部。

（五）支持和保证人大、政府、政协、法院、检察院、人民团体等依法依章程独立负责、协调一致地开展工作，发挥这些组织中党组的领导核心作用。

（六）加强对本地区群团工作和统一战线工作的领导。

（七）动员、组织所属党组织和广大党员，团结带领群众实现党的目标任务。

第二章　组织和成员

第六条　党的地方委员会由同级党代表大会选举产生，由委员、候补委员组成，每届任期5年。

党的地方委员会的常务委员会（简称常委会）由党的地方委员会全体会议（简称全会）选举产生，由党的地方委员会书记、副书记和常委会其他委员组成。

第七条　党的地方委员会委员、候补委员配备应当具有代表性，符合党龄、年龄、性别、专业等方面要求。人选应当包括书记、副书记和常委会其他委员，一般还应当包括同级政府领导班子成员，同级人大常委会、政协、法院、检察院主要负责人，同级党委和政府有关部门主要负责人，同级工会、共青团、妇联主要负责人，下一级党委和政府主要负责人，以及适当比例的基层党员。

党的地方委员会任期内，委员出缺的由候补委员按照得票多少依次递补，递补后仍有空缺的可以召开党代表大会或者党代表会议补选。

因调离本地区、辞去公职、退休等原因不适宜继续担任党委委员、候补委员的，应当辞去或者由所在的党的地方委员会按程序免去其党委委员、候补委员职务。死亡、丧失国籍、被追究刑事责任、被停止党籍、受到留党察看以上党纪处分的，委员、候补委员职务自动终止。辞去、免去或者自动终止委员、候补委员职务的，应当报上一级党委备案。确有必要时，上一级党委可以任免下级党委委员、候补委员职务。

第八条 常委会委员配备，由上级党委根据工作需要，按照有利于贯彻执行民主集中制、提高议事决策水平的原则决定。常委会委员名额，省级为11至13人，市、县两级为9至11人，个别地方需要适当增减的，由党中央决定或者省级党委根据中央精神审批。

党的地方委员会设书记1名、副书记2名，个别民族自治地方需要适当增加副书记职数的，由党中央决定或者省级党委根据中央精神审批。

党的地方委员会换届时，书记、副书记和常委会其他委员由全会选举产生，并报上一级党委审批。新当选的书记、副书记和常委会其他委员一般应当任满一届。在党代表大会闭会期间，上级党委可以根据工作需要，调动、任免下级党委书记、副书记和常委会其他委员，其数额在任期内一般不得超过常委会委员职数的二分之一。

第三章 职 责

第九条 党的地方委员会在党代表大会闭会期间，执行上级党组织的指示和同级党代表大会的决议、决定，领导本地区的工作。

党的地方委员会应当通过召开全会的方式履行以下职责：

（一）制定贯彻执行党中央和上级党组织决策部署以及同级党代表大会

决议、决定的重大措施。

（二）讨论和决定本地区经济社会发展战略、重大改革事项、重大民生保障等经济社会发展重大问题。

（三）讨论和决定本地区党的建设方面的重大问题，审议通过重要党内法规或者规范性文件。

（四）决定召开同级党代表大会或者党代表会议，并对提议事项先行审议、提出意见。

（五）听取和审议常委会工作报告或者专项工作报告。

（六）选举书记、副书记和常委会其他委员；通过同级党的纪律检查委员会全体会议选举产生的书记、副书记和常委会其他委员。

（七）决定递补党委委员；批准辞去或者决定免去党委委员、候补委员；决定改组或者解散下一级党组织；决定或者追认给予党委委员、候补委员撤销党内职务以上党纪处分。

（八）研究讨论本地区行政区划调整以及有关党政群机构设立、变更和撤销方案。

（九）对常委会提请决定的事项或者应当由全会决定的其他重要事项作出决策。

第十条 常委会在全会闭会期间行使党的地方委员会职权，主持经常工作。其主要职责是：

（一）召集全会，向全会报告工作并接受监督；对拟提交全会讨论和决定的事项先行审议、提出意见。

（二）组织实施上级党组织决策部署和全会决议、决定。

（三）向上级党组织请示报告工作，讨论和决定下级党组织请示报告的重要事项。

（四）对本地区经济社会发展和宣传思想文化工作、组织工作、纪律检查工作、群众工作、统一战线工作、政法工作等方面经常性工作中的重要问题作出决定。

（五）按照有关规定推荐、提名、任免干部，必要时对重要干部的任免可以征求党委委员意见；教育、管理、监督干部；研究决定党员干部纪律处分有关事项。

（六）对应当由常委会决定的其他重要事项作出决定。

第十一条 党委书记主持党的地方委员会全面工作，组织常委会活动，协调常委会委员的工作，对党委工作负主要责任。

担任政府正职的党委副书记主持政府全面工作，组织政府党组活动。不担任政府职务的党委副书记主要协助书记抓党的建设工作，同时可以根据需要协调和负责其他方面工作。

常委会其他委员根据分工负责有关工作，履行分管领域从严治党责任。

第十二条 党的地方委员会应当建立职责清单制度，明确常委会及其成员职责，并在一定范围内公开。

第十三条 党的地方委员会必须认真履行全面从严治党主体责任，书记必须履行抓党建第一责任人职责。常委会应当定期研究党建工作，每年至少向全会和上一级党委专题报告1次抓党建工作情况。充分发挥党的建设工作领导小组职能作用。加强基层党组织建设，实行市、县两级党委书记抓基层党建工作述职评议考核制度，完善党建工作考核综合评价体系，确保党建各项部署落到实处。

党的地方委员会应当认真履行党风廉政建设主体责任，领导和支持纪律检查机关履行监督责任，坚持纪在法前、纪严于法，严格执行和维护党的纪律，推动形成不敢腐、不能腐、不想腐的廉洁从政环境。

第十四条 党的地方委员会及其成员应当加强思想政治建设，坚持用马克思列宁主义、毛泽东思想、中国特色社会主义理论体系武装头脑，深入学习贯彻习近平总书记系列重要讲话精神，坚定理想信念，严守政治纪律和政治规矩。严肃党内政治生活，按照规定参加民主生活会和组织生活会。严格落实中央关于改进工作作风、密切联系群众的各项规定，坚决反对形式主义、官僚主义、享乐主义和奢靡之风。切实增强践行"三严三实"要求的思想自觉和行动自觉，带头营造良好政治生态。严格遵守《中国共产党廉洁自律准则》等有关规定，切实做到为民、务实、清廉。

第四章　组织原则

第十五条　党的地方委员会必须始终在思想上政治上行动上同党中央保持高度一致，坚决贯彻执行党中央决策部署和上级党组织决定，坚决维护党中央权威，任何地方工作部署都必须以贯彻中央精神为前提。

党的地方委员会应当每年向上一级党委作1次全面工作情况报告，执行党中央和上级党组织某项重要决定的情况应当专题报告。遇有重大突发事件、重大问题应当及时请示报告。

第十六条　党的地方委员会应当支持和保证下级党组织依法依规正常履职。凡属下级党组织职责范围内的事项，如无特殊情况，应当由下级党组织处理。

党的地方委员会作出同下级党组织有关的重要决定，一般应当事前征求下级党组织意见。需要同级党代表大会代表、下级党组织和党员了解的重要情况和重大问题，应当及时通报。

第十七条　党的地方委员会应当坚持民主集中制，实行集体领导和个人分工负责相结合的制度。凡属应当由全会或者常委会会议讨论和决定的事项，必须由集体研究决定，任何个人或者少数人无权擅自决定。在集体讨论和决定问题时，个人应当充分发表意见。个人对集体作出的决定必须坚决执行，有不同意见的可以保留，也可以向上级党组织报告。

常委会委员应当根据分工和集体决定，勇于担当、敢于负责，切实履行职责；对不属于自己分管的工作，也应当从全局出发关心支持，加强研究，积极提出意见和建议。

第十八条　党委书记应当带头执行民主集中制，充分发扬党内民主，善于集中正确意见，自觉接受常委会其他委员监督，不得凌驾于组织之上、班子之上，不得搞独断专行。

常委会其他委员应当支持书记开展工作，自觉接受书记对其工作的督促检查。

常委会委员应当在党性原则基础上维护团结，互相信任、互相谅解、互相支持、互相监督。

第十九条 常委会委员代表党委的讲话和报告，署名发表或者出版同工作有关的文章、著作、言论，应当事先经过常委会审定或者党委书记批准。

常委会委员在调查研究、检查指导工作或者参加其他公务活动时发表的个人意见，应当符合党委集体决定精神。

第五章　议事和决策

第二十条 党的地方委员会及其常委会议事决策应当坚持集体领导、民主集中、个别酝酿、会议决定，实行科学决策、民主决策、依法决策。

第二十一条 党的地方委员会及其常委会应当健全决策咨询机制，重大决策一般应当在调查研究基础上提出方案，充分听取各方面意见，进行风险评估和合法合规性审查，经过全会或者常委会会议讨论和决定。

第二十二条 全会每年至少召开2次，遇有重要情况可以随时召开。全会由常委会召集并主持，议题一般由常委会征询党委委员、候补委员意见后确定。

全会应当有三分之二以上党委委员到会方可召开。党委委员、候补委员因故不能参加会议的应当在会前请假，其意见可以用书面形式表达。根据工作需要，常委会可以确定有关人员列席全会。

表决可以根据讨论和决定事项的不同，采用举手、无记名投票或者记名投票等方式进行，赞成票超过应到会党委委员半数为通过。未到会党委委员的意见不得计入票数。候补委员没有表决权。

党委委员、候补委员作出撤销党内职务以上党纪处分决定，必须由全会三分之二以上多数决定。在特殊情况下，可以先由常委会作出处理决定，待召开全会时予以追认。对党委委员、候补委员的上述处分，必须经上级党委批准。

第二十三条 常委会会议一般每月召开 2 次，遇有重要情况可以随时召开。

常委会会议由党委书记召集并主持。书记不能参加会议的，可以委托副书记召集并主持。会议议题由书记提出，或者由常委会其他委员提出建议、书记综合考虑后确定。

常委会会议应当有半数以上常委会委员到会方可召开。讨论和决定干部任免事项必须有三分之二以上常委会委员到会。常委会委员因故不能参加会议的应当在会前请假，其意见可以用书面形式表达。根据工作需要，会议召集人可以确定有关人员列席会议。

表决可以根据讨论和决定事项的不同，采用口头、举手、无记名投票或者记名投票等方式进行，赞成票超过应到会常委会委员半数为通过。未到会常委会委员的意见不得计入票数。会议讨论和决定多个事项，应当逐项表决。

常委会会议由专门人员如实记录，决定事项应当编发会议纪要。经常委会会议讨论通过、以党委名义上报或者下发的文件，由书记签发。

遇重大突发事件、抢险救灾等紧急情况，不能及时召开常委会会议决策的，书记、副书记或者常委会其他委员可以临机处置，事后应当及时向常委会报告。

第二十四条 党的地方委员会及其常委会可以根据工作需要召开扩大会议，但不得代替全会、常委会会议作出决策。

第二十五条 需要提交常委会会议审议的重要事项，可以先召开书记专题会议进行酝酿。书记专题会议由书记主持，副书记和其他有关常委会委员等参加。书记专题会议不得代替常委会会议作出决策。

常委会委员可以根据工作需要，在其职责范围内主持召开议事协调会议，研究解决有关问题，但不得超越权限作出决策。

党的地方委员会应当加强对同级人大、政府、政协等的领导，建立健全沟通协调机制，及时通报重要情况。注重通过国家机关、政协组织、民主党派、人民团体、基层单位等渠道，就经济社会发展重大问题和涉及群众切身利益实际问题，广泛协商、广集民智、增进共识、增强合力。

第二十六条　党的地方委员会通过全会作出的决策，由常委会负责组织实施；常委会作出的决策，由常委会委员分工负责组织实施。

党的地方委员会应当建立有效的督查、评估和反馈机制，确保决策落实。决策执行过程中需作重大调整的，应当按照谁决策、谁调整的原则通过召开全会或者常委会会议决定。

第六章　监督和追责

第二十七条　党的地方委员会向同级党代表大会负责并报告工作，应当自觉接受上级党委领导和工作监督，并接受上级和同级纪律检查机关监督，接受下级党组织和党员群众的监督，接受各民主党派和无党派人士的民主监督。

党的地方委员会应当有计划地邀请同级党代表大会代表列席全会或者常委会会议等重要会议，适当增加列席的人员数量和频次。定期组织党代表大会代表进行专题调研，组织党代表大会代表开展提案提议，充分听取意见建议。

第二十八条　上级党委应当定期对下一级党委常委会及其成员履行职责情况进行考核，建立健全奖惩机制。考核具体工作由上级党委组织部门牵头，纪律检查机关、党委有关部门参与。

第二十九条　违反本条例有关规定的，根据情节轻重，给予批评教育、责令作出检查、诫勉谈话、通报批评或者调离岗位、责令辞职、免职、降职等处理；应当追究党纪政纪责任的，依照《中国共产党纪律处分条例》、《行政机关公务员处分条例》等有关规定给予相应处分；涉嫌违法犯罪的，按照国家有关法律规定处理。

第七章　附　则

第三十条　党的地区委员会和相当于地区委员会的组织，可以参照执行本条例。

第三十一条　党的地方各级委员会应当根据本条例，结合各自实际制定和完善工作规则。

第三十二条　本条例由中央办公厅商中央组织部解释。

第三十三条　本条例自 2015 年 12 月 25 日起施行。1996 年 4 月 5 日中共中央印发的《中国共产党地方委员会工作条例（试行）》同时废止。

全面提高新时代地方党组织选举工作的制度化规范化水平

——中央组织部负责人就修订颁布《中国共产党地方组织选举工作条例》答记者问

近日,中共中央印发《中国共产党地方组织选举工作条例》(以下简称《条例》)。《条例》公开发布之际,中央组织部负责人就《条例》修订实施和贯彻执行等问题,回答了记者提问。

问: 请介绍《条例》修订的背景和意义。

答: 地方党组织选举是党内政治生活的重要内容,是加强党的政治建设、党内民主建设的重要途径。1994年地方党组织选举工作条例颁布实施后,各地认真贯彻执行条例,稳妥有序开展地方党组织选举工作,有力加强了地方党组织建设。党的十八大以来,习近平总书记对坚持和加强党的全面领导、贯彻执行党的民主集中制、推进全面从严治党、规范完善党内选举提出一系列新思想新观点新要求,为进一步提高地方党组织选举质量指明了方向、提供了遵循。同时,地方党组织选举实践也积累了许多有益经验。为此,党中央明确要求修订《条例》,并将修订工作列入中央党内法规制定工作第二个五年规划。根据党中央部署,中央组织部深入学习贯彻习近平新时代中国特色社会主义思想和党的十九大精神,扎实开展调查研究,认真做好《条例》修订工作。

《条例》以习近平新时代中国特色社会主义思想为指导,以党章为根本遵循,深入贯彻党的十九大和十九届二中、三中、四中、五中全会精神,总结长期以来特别是党的十八大以来党内选举工作实践经验,对地方党组织选举工作作出全面规范,明确了代表和委员产生、选举实施、呈报审批、纪律监督等方面的政策规定和工作要求,是党内选举实践探索和制度建设的重要成果,是新时代地方党组织选举工作的基本遵循。修订和实施《条例》,对于贯彻落实新时代党的建设总要求和新时代党的组织路线,坚持和加强党的全面领导,健全维护党的集中统一的组织制度,规范党的地方组织选举,加强党的地方组织建设,提高党的执政能力和领导水平,具有重要意义。

问:请介绍修订工作遵循的原则和《条例》的主要内容。

答:修订《条例》主要把握了以下原则:一是坚持以习近平新时代中国特色社会主义思想为指导,以党章为根本遵循,牢牢把握正确政治方向。二是坚持党要管党、全面从严治党,突出强调党组织领导和把关作用,严格程序规定,严肃纪律要求。三是坚持民主集中制,充分发扬党内民主,保障党员民主权利,加强党的地方组织建设。四是坚持与其他党内法规相衔接,做到于法周延、简便易行。

《条例》共8章49条。主要内容是:第一章"总则",对制定目的和依据、适用范围、按期换届、选举方式、选举权利、投票方式、选举办法等作出规定;第二章"代表的产生",明确代表条件和名额、结构比例、差额比例、产生程序、资格审查等内容;第三章"委员会委员的产生",对委员条件、候补委员比例、差额比例、产生程序、选举要求等作出规定,突出党组织领导和把关作用;第四章"常务委员会委员和书记、副书记的产生",明确常委差额人数,规范常委和书记、副书记产生程序、当选要求等;第五章"选举的实施",对召开会议条件、候选人介绍、差额预选、当选要求、报告得票情况等作出规范;第六章"呈报审批",明确召开大会请示、人事安排方案请示和选举结果报批等的呈报和审批要求;第七章"纪律和监督",强调党对地方组织选举工作的领导,严明纪律,强化监督,严格追责问责;第八章"附则",明确解释主体等。

问:请问《条例》对党代会代表的产生有什么新要求?

答:党中央高度重视地方党代会代表选举工作,对突出政治标准、注重优化结构、加强审核把关、改进产生程序等提出明确要求，既保证代表的代表性，又保证代表的先进性。《条例》从4个方面对代表的产生作出新规定：一是严格代表条件。强调代表应当认真贯彻执行党的基本理论、基本路线、基本方略，自觉增强"四个意识"、坚定"四个自信"、做到"两个维护"，牢记党的初心和使命，密切联系党员和人民群众，发挥模范带头作用，遵守党章党规党纪和法律法规。二是明确选举单位划分。规定一般按照党的下一级地方组织或者基层组织划分选举单位。经同级党委批准，地方党委派出的机关工委、街道工委等可以划分为选举单位。三是优化代表结构。明确要求确保生产和工作一线代表比例，工人、农民代表应当有一定数量；省区市党代会代表中生产和工作一线代表占代表总数的比例一般不少于30%。四是规范产生程序。明确采取自下而上、上下结合、反复酝酿、逐级遴选的办法，按照确定候选人推荐人选、候选人初步人选、候选人预备人选和候选人等4个环节步骤进行，强调选举单位要组织所辖党组织从党支部开始推荐提名，并对代表候选人初步人选进行公示。同时，从于法周延考虑，明确了代表补选的相关要求。

问：请问《条例》在确保委员人选质量方面有哪些规定？

答：地方党委在党代表大会闭会期间，执行上级党组织的指示和同级党代表大会的决议、决定，领导本地区的工作。《条例》着眼增强地方党委整体功能，提高科学决策、民主决策水平，从委员资格条件、上级党组织领导和把关等方面作出规定，确保人选质量。一是明确委员条件，强调贯彻干部队伍"四化"方针，坚持新时期好干部标准，坚持德才兼备、以德为先、任人唯贤的原则和结构合理的要求。二是明确候补委员比例，规定地方各级党委候补委员人数，一般不少于委员、候补委员总数的15%。三是明确差额比例，强调地方各级党委委员、候补委员和纪委委员候选人的差额比例不少于10%，常委候选人数应当多于应选人数1—2人。四是强化上级党委领导和把关作用，把党的民主集中制原则体现在委员产生的各个环节，严把委员资格条件关和产生程序关，规定党委组建考察组对委员候选人初步人选进行考察，突出政治标准，强化政治素质考察；明确根据考察情况确定候选人预备人选后报上一级党委审批，当选的党委委员和候补委员、纪委委员报上一级党委备案等。

问：请问《条例》在会议选举的组织实施方面作出了哪些规定？

答：会议选举是地方党组织换届工作的重要环节。实际工作中，各地坚持和加强党的领导，科学制定选举办法，尊重和保障选举人的民主权利，强化全程监督指导，推动选举规范有序进行。《条例》就会议选举的组织实施作出具体规定。比如，在会议条件方面，规定代表大会选举时，参加人数超过应到会人数的半数，方能进行选举；明确委员会全体会议选举时，参加人数应当超过应到会人数的2/3，方能进行选举。在大会主席团组成方面，明确大会主席团及其常务委员会的职责，规定大会主席团成员一般占代表人数的10%左右，由党的委员会或者各代表团从代表中提名，经大会预备会议表决通过。在候选人排序方面，规定选票上的代表、委员、候补委员和常委候选人名单按照姓氏笔画为序排列，书记、副书记候选人按照上级党委批准的顺序排列。在写票投票方面，明确选举人不能填写选票的，可由本人委托非候选人按照选举人的意志代为填写；因故未出席会议的选举人，不能委托他人代为投票。选举人对候选人可以投赞成票，可以投不赞成票，也可以弃权；投不赞成票者可以另选他人。在当选要求方面，明确被选举人获得赞成票超过应到会有选举权人数半数的始得当选。同时，对获得赞成票超过半数的被选举人数多于和少于应选名额两种情形如何确定当选人作出规定。在报告得票情况方面，为全面准确反映选票选项内容，保障党员、代表知情权，明确预选和正式选举时，总监票人要报告被选举人得赞成票、不赞成票、弃权票和另选他人等情况。同时，《条例》对介绍候选人、差额预选、监票人和计票人产生、有效票界定等作出规范。

问：请问《条例》在强化选举纪律和监督方面有什么要求？

答：换届选举风气关系换届选举成败，关系用人导向、干事导向。《条例》落实党中央关于全面从严治党、严肃换届纪律的有关要求，汲取湖南衡阳破坏选举案和四川南充、辽宁拉票贿选案教训，专章对严肃纪律和监督提出要求。一是明确选举纪律。强调把纪律和规矩挺在前面，坚持教育在先、警示在先、预防在先，严肃政治纪律、组织纪律和换届纪律。强调严禁拉帮结派、拉票贿选、说情打招呼、违规用人、跑风漏气、干扰换届等违规违纪违法行为，强化监督检查和责任追究，营造良好政治生态，确保选举风清气正。二是强化监督实施。明确《条例》由党中央以及中央纪委和地方各级党委、纪委负责监督实施，执行情况纳入巡视巡察监督工作内容。三是严肃追责问责。强调凡违反《条例》规定，妨害选举人行使民主权利，或者对检举选举中违规违纪违法行为的人进行压制、打击报复的，应当根据问题的性质和情节轻重，对有关党组织或者党员给予处理处分，对失职失责的党组织和党的领导干部进行问责；涉嫌违法犯罪的，按照有关法律规定处理。

问：请介绍如何抓好《条例》的贯彻执行？

答：党中央印发《条例》的通知，对学习宣传、贯彻执行等工作提出明确要求，各级党组织要认真抓好落实。各级党委要增强"四个意识"、坚定"四个自信"、做到"两个维护"，严格落实主体责任，加强对《条例》实施的组织领导。要抓好宣传解读和学习培训，推动各级党组织和广大党员干部认真学习《条例》，增强贯彻落实《条例》的思想自觉、政治自觉、行动自觉。党员领导干部特别是主要负责同志要带头学习，带头研究，带头执行。要加强监督检查和责任追究，及时解决《条例》贯彻落实中的有关问题。中央组织部将会同有关部门加强督促指导，确保《条例》各项规定得到有效贯彻落实。

(《人民日报》2021年1月8日，作者：人民日报记者)

中共中央纪委机关、中共中央组织部、国家监察委员会联合印发《通知》严肃换届纪律加强换届风气监督

从2021年开始,地方各级领导班子将陆续进行换届。为贯彻落实党中央关于严肃换届纪律的要求,保证换届工作顺利开展,营造风清气正的换届环境,2021年1月,中共中央纪委机关、中共中央组织部、国家监察委员会联合印发了《关于严肃换届纪律加强换届风气监督的通知》(以下简称《通知》),要求各地在换届工作中认真贯彻落实。

《通知》指出,党的十八大以来,习近平总书记对贯彻落实新时代党的组织路线、树立正确的选人用人导向、深入整治选人用人不正之风、做好换届工作等作出了一系列重要论述,为严肃换届纪律指明了方向、提供了遵循。党中央坚持全面从严治党,持续正风肃纪反腐,广大党员干部的纪律规矩意识进一步增强,选人用人状况和风气明显好转,为严肃换届风气奠定了坚实基础。同时也要清醒认识到,选人用人中的腐败现象和不正之风还禁而未绝,一些地方政治生态尚未完全修复,干扰破坏换届的风险隐患尚未完全消除,换届期间往往又是问题易发多发期,对此必须高度重视,进一步严明纪律要求。

《通知》规定,要严明换届纪律,坚决维护换届工作严肃性。一是严禁结党营私,对拉帮结派、上下勾联、搞团团伙伙和小圈子的,以人划线、任人唯亲、排斥异己的,培植个人势力、结成利益集团的,一律给予党纪政务处分。二是严禁拉票贿选,对通过宴请、安排消费活动、快递邮寄、电子红包、网上转账等方式赠送礼品礼金,以及打电话、发信息、当面拜访、委托他人出面等形式,在民主推荐和选举中搞拉票、串联、助选等非组织活动

的，一律排除出人选名单或者取消候选人资格，并视情节轻重给予党纪政务处分，贿选的依法处理。三是严禁买官卖官，对以谋取职务、提高职级待遇等为目的贿赂他人的，通过帮助他人谋取职务、提高职级待遇索取、收受贿赂的，一律先停职或者免职，并依规依纪依法处理。四是严禁跑官要官，对采取拉关系或者要挟等手段谋取职务、提高职级待遇的，一律不得提拔或者进一步使用，并视情节轻重给予批评教育、组织处理或者党纪政务处分。五是严禁个人说了算，对以个人决定代替党组织集体研究决定的，授意、暗示、指定提拔调整人选的，一律取消相关任用决定，并严肃追究相关领导和有关人员责任。六是严禁说情打招呼，对为他人推荐提名、提拔调整疏通关系的，违规干预下级或者原任职地区和单位干部选拔任用的，一律作为领导干部违规插手干预重大事项的情形记录在案，并视情节轻重给予批评教育、组织处理或者党纪政务处分。七是严禁违规用人，对借换届之机突击提拔调整干部、超职数配备干部、违反规定程序选拔任用干部的，一律宣布无效，并对相关人员依规依纪进行处理。八是严禁跑风漏气，对泄露、扩散换届人事安排等保密信息的，一律追究相关人员责任。九是严禁弄虚作假，对篡改、伪造干部人事档案材料的，在换届考察工作中隐瞒或者歪曲事实真相的，一律予以纠正，并视情节轻重对相关人员给予组织处理或者党纪政务处分。十是严禁干扰换届，对境内外敌对势力搅扰破坏换届的，严加防范、坚决打击；对黑恶势力、家族势力、宗教势力干扰影响换届选举的，违规接受境外机构、组织、个人提供资助或者培训的，以威胁、欺骗、利诱等手段妨害他人自由行使选举权的，造谣诽谤、诬告陷害或者打击报复他人的，一律严厉查处，涉嫌违法犯罪的依法追究法律责任。

《通知》强调，坚持教育在先、警示在先、预防在先，将思想政治工作贯穿换届始终，用习近平新时代中国特色社会主义思想武装头脑，巩固深化"不忘初心、牢记使命"主题教育成果，教育党员干部和代表、委员增强"四个意识"、坚定"四个自信"、做到"两个维护"，正确行使民主权利。广泛开展谈心谈话，提醒重点岗位干部和相关人员带头严守换届纪律，对苗头性倾向性问题抓早抓小。深入细致做好进退留转干部的思想工作，教育引导他们讲政治、顾大局、守规矩，正确对待职务变动，正确处理个人与组织的关系，经受住名、权、位的考验，自觉接受和服从组织安排。抓好纪律学习教育，及时将换届纪律规定印送相关领导干部和有关人员，采取中心组学习、专题党课、集中培训等方式，组织各级领导班子、党员干部和相关人员深入学习换届政策法规和纪律要求。通过新闻媒体和"12380""12371"等信息化平台，深入宣传换届纪律要求，让干部群众广泛知晓、参与监督。深入开展警示教育，组织观看严肃换届纪律教育警示专题片，注意利用本地查处的违反换届纪律案件开展警示教育，采取召开民主生活会、警示教育会等形式，用身边事教育身边人，促使广大党员干部从中汲取教训、自觉遵规守纪。

《通知》要求，坚持从严监督查处，始终保持严肃纪律的高压态势。紧盯重点地区关键环节开展监督，加强分析研判，对换届风气问题进行风险排查，明确监督的重点地区、关键环节和薄弱部位，做到有的放矢、精准监督。严格换届人选推荐提名工作监督，坚决防止"带病提名"。严格换届政策和制度规定执行情况监督，确保换届政策、选拔任用工作程序和制度有效执行。加强换届风气监督检查，各级组织部门要会同纪检监察机关，对换届风气开展巡回督查和重点督查。大会选举期间，上级要派驻督导组，对换届选举和会风会纪进行现场督导。换届考察期间，考察组要注意加强对当地换届风气的监督，认真了解考察对象遵守换届纪律情况。注重发挥巡视监督作用，把换届风气和遵守换届纪律情况纳入巡视巡察和选人用人专项检查。从严从快查处违规违纪违法问题，充分利用信访、"12380"举报受理平台，实时监测和了解换届风气状况，对反映违反换届纪律问题的举报及时受理、优先办理。建立联查联办和快查快结机制，对发现的问题快查严办；必要时，上级组织部门会同纪检监察机关派员督办或者直接查办。对违反换届纪律规定的，依规依纪依法严肃处理，典型案件予以通报曝光。建立失实检举控告澄清工作机制，对受到不实举报的不影响提名使用，造成不良影响的及时予以澄清；对恶意举报和诬告陷害行为予以严肃处理。

《通知》强调，要压紧压实责任，加强对换届风气监督工作的组织领导。地方各级党委履行主体责任，党委书记履行第一责任人职责，把严肃换届纪律、加强换届风气监督与换届工作一同谋划、一同部署、一同落实，防范风险隐患。纪检监察机关履行监督责任，要聚焦问题、全程跟进、铁腕执纪、严肃问责，坚决维护换届纪律权威。组织部门履行直接责任，要严格执行制度规定，坚持原则不动摇、执行标准不走样、履行程序不变通，把严肃换届纪律、加强换届风气监督各项措施落到实处。人大常委会党组、政府党组、政协党组以及宣传、统战、政法、网信等部门要充分发挥职能作用，分工负责、齐抓共管、形成合力。实行换届风气监督责任制，把换届风气作为考核评价领导班子和领导干部落实管党治党主体责任、加强政治建设情况的重要内容，对因履行责任不力，导致本地区换届风气不正、换届纪律松弛涣散、换届选举出现非组织活动的，依规依纪依法严肃追究相关党组织和有关人员责任。

(《人民日报》2021年2月3日)